국가무형문화재 제95호

제주민요

Jeju Minyo
(Folk Song of Jeju)

Copyright©2020 by NIHC(National Intangible Heritage Center)

ISBN 979-11-6244-620-1 93380
www.youkrackbooks.com

일러두기

1. 이 책은 2018년 국가무형문화재 기록화 당시의 제주민요보존회의 기예능 연행과 인터뷰를 토대로 기록하였으며, 현장 촬영사진을 담았다.

2. 이 책은 모두 7개의 장으로 구성하였으며, Ⅰ~Ⅲ장, Ⅵ장은 양영자(제주대탐라문화연구원), Ⅳ장은 황나영(전 전통공연예술진흥재단 연구원)이 집필하였으며, Ⅴ장은 양영자, 황나영이 함께 집필하였다. Ⅶ장의 악보는 황나영이 채보하였다. Ⅵ장 2. 보존회 및 전승활동은 제주민요보존회의 감수를 받았다.

3. 이 책에서 사용된 용어는 2018년 현장조사 및 인터뷰를 바탕으로 작성한 것이다.

4. 제주어의 표준어 표기는 ( )로, 동의어는 위첨자로 기재하였다.

5. 『 』은 단행본, 「 」은 논문, 《 》은 앨범, 〈 〉은 곡명, " "은 영상자료를 뜻한다.

6. Ⅳ장의 음원 출처 방식은 독자의 이해를 돕기 위하여 "창자, 〈곡명〉, 지역, 연도, 사이트명(해당 사이트주소)" 혹은 "창자, 〈곡명〉, 《앨범명》, 발행처, 연도"로 구성하였다.

국가무형문화재 제95호

제주민요

국립무형유산원

역락

차 례

프롤로그

제주민요에는 공동체문화와 삶의 방식, 세시풍속, 의례와 의식, 가치관 등 제주사회를 조망할 수 있는 민속문화가 총망라되어 있다. 민요를 통해 면면히 전승되어 온 제주사람들의 사고와 정서는 그들의 터전을 다지고 질서를 유지하고 사회를 지탱하는 구실을 해 왔다.

제주에는 이 지역의 특색을 드러내는 수많은 민요들이 존재한다. 이 중 국가무형문화재 제95호로 지정된 제주민요에는 노동요인 〈ᄀ레ᄀ는소리〉와 가창유희요인 〈산천초목〉, 〈봉지가〉, 〈오돌또기〉가 있다. 노동요는 일의 고됨을 떨쳐내고 작업의 효율성을 높이기 위한 노래로, 농산, 수산, 축산, 임산 등 먹고사는 모든 영역에 걸쳐 있다. 가창유희요는 관아와 민간 사이의 지속적인 교류를 바탕으로 형성된 노래들로, 자연의 아름다움과 남녀 간의 사랑 등을 다룬 내용들이 주를 이루고 있다.

오늘날 제주민요는 제주민요보존회를 중심으로 공동체 문화예술로서의 가치를 계승하고 발전시키기 위한 수많은 전승활동이 이루어지고 있다. 제주민요에 담긴 문화적·음악적 의미와 가치와 더불어 현재 전승되어 나아가는 과정을 이 책에 담았다.

prologue

Jeju Minyo(Fork Song of Jeju) is an all inclusive art form that shows you everything about the Jeju society in a box. They encompass everything about the Jeju folk culture, including its community life, the way of life, the traditions of the times and the customs of the seasons, ceremonies and rituals, and its values. The thoughts and sentiments of the Jeju people that have been passed down tirelessly through their folk songs have been a strong foundation of support for the people of Jeju in strengthening their livelihoods, maintaining order and overall sustaining the Jeju society.

Jeju has many folk songs that reveals its regional characteristics. Of them, there are some that have been included in the designation as the National Intangible Cultural Heritage no. 95. These include '〈Garegareneunsori〉', a work song, as well as play songs '〈Sancheonchomok〉', '〈Bongjiga〉', and '〈Odolddogi〉'. Work songs help shed the drudgeries of hard work and to improve work efficiency, and they encompass all the areas of livelihood, such as agriculture, fishery, animal husbandry and forestry. Play songs are songs created on the basis of continuous exchanges between the government offices and the civilian, and they mostly handle themes of the beauty of the nature and love between men and women.

Today, Jeju Minyo group holder is the center of numerous efforts to succeed and further develop Jeju folk songs' values as a community cultural art. And in this book, we introduce the various cultural and musical meanings, and values contained in Jeju Minyo, as well as the process of how they're being passed down today.

I

제주민요
개관

1. 제주민요의 배경과 분류

　제주민요는 제주도 전역에서 불리는 모든 민요를 뜻하는데 이 책에서는 국가무형문화재로 지정된 제주민요를 다루고 있다. 국가무형문화재 제95호 제주민요는 성읍마을(城邑—)을 중심으로 하는 제주민요보존회를 통해서 전승되고 있다. 국가무형문화재로 지정된 제주민요는 제주도 민요의 일부이므로, 여타 제주민요 속에서 이해해야 보다 더 정확한 특징을 확인할 수 있다. 따라서 이 책에서는 제주도 전역에 전승되는 민요를 전반적으로 살펴본 후, 국가무형문화재 제주민요에 대해서 중점적으로 서술하도록 하겠다.

　민요는 개인과 사회 주변의 여러 현상을 언어와 리듬으로 표출하고 호소하는 표현양식이다. 개인의 정서를 표출하는 출구가 되기도 하고, 사회와 문화의 제약이나 고통스러운 현실을 토로하거나 사회질서를 유지시키는 조정력을 발휘하기도 한다.[01] 민요는 대체로 동일한 문화적 배경을 기반으로 감정적 공감대를 같이하는 사람들이 생활 속에서 느끼는 공동의 정서를 표현해 온 구비전승물이다. 그

01　양영자, 「제주민요의 배경론적 연구」, 제주대학교 박사학위논문, 2005, 29쪽 참고.

지역 사람들이 시대와 사회, 문화를 어떻게 인식하고 대응하며 살아왔는지 살펴볼 수 있는 중요한 구술문화이다.

한국 민요는 기능과 사설에 따라 크게 노동요, 의식요, 유희요로 나눈다. 노동요를 다시 농산노동요·수산노동요·축산노동요·운수노동요·공산노동요·임산노동요·토건노동요·가사노동요로, 의식요를 기원의식요·통과의식요·벽사의식요로, 유희요를 동작유희요·도구유희요·언어유희요·놀림유희요·자연물대상유희요·조형유희요·가창유희요 등 단계별로 구분하고 있다.[02]

1) 노동요

노동요는 일을 하면서 고됨을 잊고 작업을 효율적으로 하기 위해 부른 노래로 생업과 생활을 지속하기 위한 삶의 도구였다는 점에서 민요 중에서도 가장 원시적이고 본원적이다. 전통사회에서는 먹고 사는 문제가 논농사와 밭농사를 중심으로 이루어졌기 때문에 노동요 중에서도 농산노동요가 차지하는 비중이 가장 크다.

① 농산노동요

제주도의 토양은 투수성이 강한 화산회토로 이루어져 물이 금방

---

02 강등학, 「민요」, 『구비문학개설』, 민속원, 2006; 강등학, 「민요의 이해」, 『한국 구비문학의 이해』, 월인, 2000.(양영자, 「제주민요의 배경론적 연구」, 제주대학교 박사학위논문, 2005, 52쪽에서 재인용)

땅속으로 스며들어 버리고 하천이 건천인 까닭에 논경작지는 1.9%에 불과할 정도였다. 그래서 대부분 조, 보리, 콩 등 잡곡 위주의 밭농사에 의존해 생활을 영위한 결과 제주에는 밭농사요가 고르게 분포하고 있으며 종류 또한 다양하다.

밭농사요는 '밭갈기-밭일구기-밭고르기-씨앗뿌리기-밭밟기-김매기-수확하기'의 농사순서에 따라 〈밧가는소리(밭가는소리)〉, 〈새왓이기는소리(밭이기는소리)〉, 〈따비질소리〉, 〈곰베질소리(곰방메질소리)〉, 〈밧볼리는소리(밭밟는소리)〉, 〈검질매는소리(김매는소리)[03]〉 등이 다양하게 형성되었다. 이들은 지역에 따라 가락이나 사설이 조금씩 다르게 불리기도 하고, 전혀 다른 장르의 소리를 파생하기도 하면서 활발히 전승되었다.

제주도 농산노동요(밭농사요)의 종류[04]

분류	소리 명칭
밭일구는소리	〈따비질소리〉, 〈따비왓가는소리(따비밭가는소리)〉
밭가는소리	〈밧가는소리〉
밭고르는소리	〈곰베질소리〉, 〈새왓이기는소리〉, 〈벙애바수는소리(흙덩이부수는소리)〉 등
거름내는소리	〈돗걸름내는소리(돗거름내는소리)〉
거름밟는소리	〈걸름볼리는소리(거름밟는소리)〉, 〈보리걸름볼리는소리(보리거름밟는소리)〉

---

03 〈검질매는소리〉는 '김 맬 때 부르는 소리'의 의미도 있지만, 〈밭매는소리〉 전체를 통칭하여 부르는 장르명이기도 하므로, 제주의 〈밭매는소리〉를 지칭할 때는 〈검질매는소리〉로 칭하기도 한다.(양영자, 『제주민요의 배경론적 연구』, 민속원, 2007, 104쪽.)

04 양영자, 『제주민요의 배경론적 연구』, 민속원, 2007, 98쪽 참고.

〈검질매는소리〉

밭밟는소리	〈밧볼리는소리〉
밭매는소리	〈검질매는소리〉, 〈사데소리^{사대소리, 사디소리}〉, 〈홍애기소리^{검질매는 홍애기}〉, 〈아웨기〉, 〈용천검〉, 〈상사소리〉, 〈더럼소리〉, 〈더럼마소리〉, 〈담벌소리(담불소리)〉
보리훑는소리	〈보리훌트는소리(보리훑는소리)〉
도리깨질하는소리	〈도깨질소리(도리깨질소리, 마당질소리)〉

② 수산노동요

제주는 사면이 바다로 둘러싸여 있어 바닷가에 사는 남성들은 거의 어업에 종사했다고 볼 수 있다. 조업에서 고깃배의 닻을 감으며 불렀던 〈닷감는소리(닻감는소리)〉, 고깃배의 노를 저으면서 불렀던 〈베젓는소리(배젓는소리)〉·〈네젓는소리(노젓는소리)〉, 멸치잡이에서 닻을 감거나 그물을 당기며 불렀던 〈멜후리는소리(멸치후리는소

리)〉, 테우배(떼배)를 저으며 불렀던 〈터우젓는소리(떼배젓는소리)
테우젓는소리〉, 고기를 낚으며 흥얼거렸던 〈궤기나끄는소리(고기낚는소
리)〉, 〈궤기나끄는흥생이[05](고기낚는흥생이)〉, 갈치를 낚으며 불렀
던 〈갈치나끄는소리(갈치낚는소리)〉, 〈갈치나끄는흥생이(갈치낚는
흥생이)〉 등이 전승되고 있다. 이 노래들은 조업 방식이 변화함에
따라 점차 전승이 약화되었는데, 미처 채록·조사되지 못한 소리들
은 사라지고 현재는 일부만이 전승되고 있다.

이 중 〈멜후리는소리〉는 〈멜후림소리〉라고도 하는데 멸치잡이
배의 닻을 감을 때, 그물을 당길 때, 멸치잡이를 마치고 돌아와 모
래밭에서 수확의 기쁨을 나누는 뒤풀이 등에서 불렀던 노래이다.
제주사회는 집집마다 강력한 공동체인 '접(계)'에 소속되어 있었으
므로 멸치를 분배하고 기쁨을 나누는 뒤풀이에 마을의 남녀노소가
접원으로서 모두 참여하였다. 공동작업과 나눔문화 덕분에 제주의
〈멜후리는소리〉는 남녀공동의 노래가 되었고 육지와 달리 여성소
리꾼의 활약이 두드러졌다.

수산노동요 중에서 해녀가 부르는 〈물질소리〉는 일찍이 세간의
주목을 받았다. 〈물질소리〉는 테왁[06]을 짚고 헤엄쳐서 물질을 오갈
때도 부르고, 바깥물질(뱃물질)을 나갈 때 노를 저으면서도 불렀다.
주로 바깥물질을 하면서 부른 〈네젓는소리〉가 많이 알려져 있다.

---

05 혼잣말처럼 중얼거리듯이 읊조리는 것을 흥생이라 한다.
06 박의 속을 파내고 구멍을 막아서 해녀들이 작업할 때 바다에 가지고 가서 타는
　　물건

제주도 서귀포의 떼우배(기증: 노무라 신이치)

좁고 협소한 토지의 한계를 극복하기 위하여 바다밭을 개척하여 경작을 도모한 이들이 '해녀'로 알려진 제주여성이다. 그들은 밭농사와 물질을 동시에 하면서 가족의 생계를 잇고, 조직력과 경제력을 발판으로 남성과 대등하게 공동체에 참여하여 조직을 운영·발전시켜 왔는데 그 내용은〈물질소리〉사설 곳곳에 투영되었다.

수산노동요의 종류[07]

분류	소리 명칭
닻감는소리	〈닷감는소리〉, 〈멜후리는소리^{멜후림소리}〉
노젓는소리	〈베젓는소리〉, 〈터우젓는소리〉, 〈새터우띄우는소리(새떼배띄우는소리)〉

---

07 양영자,『제주민요의 배경론적 연구』, 민속원, 2007, 112쪽 참고.

물질소리(좀으질소리)	〈테왁짚고나가는소리〉, 〈네젓는소리〉
그물당기는소리	〈멜후리는소리〉^{멜후림소리}
고기낚는소리	〈궤기나끄는소리〉, 〈궤기나끄는흥생이〉, 〈갈치나끄는소리〉, 〈갈치나끄는흥생이〉
뒤풀이하는소리	〈멜후리는소리〉^{멜후림소리}
기타	〈선유가(船遊歌)〉

③ 축산노동요

'마소가 나면 제주도로 보내라.'는 말이 전승될 정도로 제주도의 한라산 자락에는 가축을 키우기 적합한 넓은 목초지가 형성되어 있었다. 전통사회에서는 농사, 운반수단 등 일상생활의 운용과 전쟁 출정 등을 위해 말과 소의 부림이 필수적이었고, 마소의 소유량은 곧 고위직 신분을 상징하는 것이기도 하였다. 제주도 말은 중앙에 보내지는 주요 진상품이기도 했는데 조선시대에는 강제적으로 말을 공납하도록 하는 바람에 제주백성들의 삶은 매우 곤궁하였다. 조선시대 제주지역에서 진상 부담으로 가장 어려웠던 여섯 가지 직역 즉, 목자(牧子)·잠녀(潛女)·포작인(浦作人)·과원직(果園直)·답한(畓漢)·선격(船格)을 일컬어 육고역(六苦役)[08]이라 칭할 정도로 테우리[09]들의 고통도 컸다.

말의 생산지였던 제주도에는 자연스럽게 〈ᄆᆞ쉬모는소리(마소모는소리)〉, 〈텟ᄆᆞ쉬모는소리(마소떼모는소리)〉가 발달했다. 제주에서

---

08 권인혁, 「19세기 전반 제주지방의 사회구조와 그 변동」, 『(李元淳教授華甲記念)史學論叢』, 李元淳教授華甲記念史學論叢刊行委員會, 1986.

09 주로 말과 소를 들에 놓아 먹이는 일을 직업으로 하는 사람 또는 목자(牧子)

는 마소를 한라산 자락에 방목했다가 하늬바람이 불어올 무렵에 외양간에 들여 놓아 겨울을 나도록 한다. 〈무쉬모는소리〉는 방목하던 마소떼를 불러 모아 집으로 돌아올 때 대열에서 이탈하려는 마소를 불러 세우거나, 마소에 짐을 싣고 오가면서 불렀던 노래이다. 여러 마리의 '텟모쉬(마소떼)'를 한꺼번에 몰 때는 〈텟무쉬모는소리〉를 했다. 〈어리렁떠리렁〉이라고도 하는 이 소리는 남성들의 노래지만 여성들도 곧잘 부른다. 제주의 노동이 대부분 남녀 구분 없이 공동으로 이루어지는 사회풍토였으므로 소 모는 일이나 달래는 일에 여성들이 동참하는 경우가 많았다.

〈촐비는소리(꼴베는소리)〉는 마소에게 먹일 꼴을 베거나 퇴비로 쓰기 위한 풀을 베면서 부른 노래이다.[10] 풀 베는 작업은 노동강도가 매우 센 만큼 남녀공동 작업으로 이루어졌고 덕분에 〈촐비는소리〉도 남녀공동의 소리가 되었다. 지역이나 작업의 특성에 따라 소리의 가락이 다르고, 사설은 지형과 풍속에서부터 신세한탄에 이르기까지 다양한 사설이 표출되는데 이 소리를 〈촐비는홍애기(꼴베는홍애기)〉라고도 한다.

축산노동요의 종류[11]

분류	소리 명칭
마소모는소리	〈몰모는소리(말모는소리)〉, 〈소모는소리〉, 〈무쉬모는소리〉, 〈텟무쉬모는소리〉
꼴베는소리	〈촐비는소리〉, 〈홍애기소리촐비는홍애기〉

---

10 제주도 서부지역에서는 꼴을 벨 때 주로 짧은 낫을 사용하고, 동부지역은 장낫을 사용하였다.

11 양영자, 『제주민요의 배경론적 연구』, 민속원, 2007, 117쪽 참고.

況狀の馬牧 物名洲濟

말 기르기(기증: 노무라 신이치)

④ 운수노동요

집을 축조하는 데 쓰일 통나무나 공동으로 사용하게 될 연자맷돌을 산이나 냇가에서 채취하여 마을 밖에서부터 마을 안까지 마을사람들이 힘을 합쳐 들여왔다. 이때 말이나 소를 이용하여 자재 및 도구 등을 운반하며 부른 소리가 〈낭끗어내리는소리(나무끄는소리)〉, 〈몰방엣돌끗어내리는소리(연자맷돌굴리는소리)〉이다. 큰 나무나 돌을 운반하는 일은 여간 힘든 일이 아니었기 때문에 앞에서 마소가 끌고 뒤에서 동네사람들이 힘을 합해 굴리면서 집단적으로 이 노래를 불렀다.

운수노동요의 종류[12]

분류	소리 명칭
마소모는소리	〈물모는소리〉, 〈쉐모는소리(소떼모는소리)〉, 〈무쉬모는소리〉, 〈텟무쉬모는소리〉, 〈낭끗어내리는소리〉
연자맷돌옮기는소리	〈방엣돌끗어내리는소리〉, 〈물방엣돌끗어내리는소리〉
물건나르는소리	〈산태질소리〉, 〈목도질소리〉, 〈낭끗어내리는소리〉

⑤ 공산노동요

곡식을 수확한 후 장만하면서 부른 노동요가 다양하게 형성되었다. 제주에서는 마당의 흙이 바람에 날리거나 물에 씻겨 흘러가지 않도록 어느 집이나 마당에 보릿짚을 넣어 깔아 두었다. 보릿짚을 깔아둔 마당 위로 사람들이 다니면서 밟게 되므로 땅이 단단해졌다. 곡식을 장만할 때에는 보릿짚을 걷어 내고 검은흙마당에서 수확한 곡식을 펼쳐 놓고 도리깨질을 하면서 〈도깨질소리〉를 불렀다. 그래서 〈마당질소리〉라고 한다. 이렇게 타작한 곡식을 연자맷간에 갖고 가서 탈곡을 하는데 이때 〈물방엣돌소리(연자맷돌소리)〉를 불렀다. 연자매를 말이 끌기도 하고, 때로는 소가 끌기도 하고, 마소가 없을 때나 곡식의 양이 적을 때는 사람만이 끌기도 했다. '물'이 붙은 것은 주로 말을 많이 사용했기 때문이다. 노동현장이 사라진 지금은 가락이 하나로 정형화되고 사설이 획일화되어 버렸지만 동물을 사용하여 돌릴 때와 사람이 끌어서 돌릴 때는 가락이나 사설이 조금씩 달랐다. 껍질을 제거한 곡식은 절구방아를 찧고 맷돌에

---

12 양영자, 『제주민요의 배경론적 연구』, 민속원, 2007, 122쪽 참고.

갈았다. 방아를 찧으면서 〈방에짛는소리(방아찧는소리)〉·〈남방에짛는소리(나무방아찧는소리)〉를 불렀고, 맷돌로 곡식을 잘게 갈면서 〈ᄀ레ᄀ는소리(맷돌노래)〉를 불렀다.

〈방에짛는소리〉는 곡식을 절구통에 넣고 찧을 때 부른 노래이다. 절구는 통나무나 돌 속을 파내고 거기에 곡식을 넣어 제분했던 도구인데, 제주도에서는 현무암을 가공한 '돌방에(돌방아)'를 사용하기도 하고, 나무의 중앙에 홈을 파서 '돌혹(돌확)'을 박은 '남방에(나무방아)'를 사용하기도 하였다. 남방에에 곡식을 넣고 찧을 때 부르는 소리가 〈남방에짛는소리〉이다.

끼니를 잇기 위한 일상적인 방아 찧기는 두 사람 정도 협업하지만, 대소사나 의례 등을 위해 많은 양의 곡식을 장만할 때에는 여러 사람이 돌아가며 방아를 찧었다. 두 사람이 방아를 찧으면 '두콜방에', 세 사람이 찧으면 '싀콜방에', 네 사람이 찧으면 '늬콜방에'가 되는데, 〈방에짛는소리〉 사설에는 '아홉콜방에'까지 등장한다. 아홉 명이 빙 둘러서서 일정하게 박자를 맞춰 찧는 '아홉콜방에'는 집중력과 일치된 호흡을 필요로 한다. 집단노동의 일체감에 힘입어 자연스럽게 발산되는 〈방에짛는소리〉는 일의 효율성을 극대화하고 역동적인 가락을 형성하면서 노동의 신명을 살려 내었다.

〈ᄀ레ᄀ는소리〉는 바깥일이 없는 날이나 비오는 날, 하루의 노동을 마감한 저녁 시간에 맷돌을 돌려가며 주로 보리나 조 등 잡곡을 제분하면서 불렀던 노동요이다. 보리는 물에 불려 물방에에 갈고 방아에 찧어 껍질을 벗긴 후 'ᄀ레'로 곡식을 갈아 잘게 쪼갠 다음에야 밥을 지을 수 있었다. 명절이나 제사 같은 가내 행사에는 많은

식콜방에(자료제공: 국립중앙박물관 유리건판)

곡식을 제분해야 했고, 제분해야 할 곡식의 가짓수도 밀, 메밀, 팥,
콩, 녹두 등으로 늘어났다. 특히 제주도 의례에서 빠지지 않는 '빙
떡, 돌레떡, 무멀칼국, 무멀묵' 등의 재료인 메밀은 맷돌을 갈아서
사용했기 때문에 그만큼 여성의 일손이 많이 소용되었다.

공산노동요-제분정미요의 종류[13]

분류	소리 명칭
절구방아찧는소리	〈방에짛는소리〉, 〈남방에짛는소리〉
연자방아찧는소리	〈연자방에돌리는소리(연자맷돌소리)〉, 〈물방엣돌소리〉
맷돌질하는소리	〈그레그는소리〉

---

13 양영자, 『제주민요의 배경론적 연구』, 민속원, 2007, 122쪽 참고.

제주민요에는 대장간에서 쇠를 달구어 물건을 만들어 내면서 불렀던 야장요 〈불미질소리(풀무질소리)〉가 전승되고 있다. 그릇이나 도구제작에 쓰는 흙덩이를 부수면서 부른 〈흙덩이바수는소리(흙덩이부수는소리)〉를 비롯하여 풀무작업을 하면서 부른 〈똑딱불미소리〉, 〈토불미소리〉, 〈볼판불미소리〉, 〈디딤불미소리〉 등 풀무작업의 인적구성과 성격에 따라 다양하게 분화하며 발달하였다. 전국적으로 '풀무소리'가 분포했다고 하나 가락이나 사설의 전승이 단편적이고 '아기어르는소리'에 '풀무소리'가 전승되는 경우를 제외하고는 거의 찾아볼 수 없는 형편인데 유독 제주도에서만은 풀무질소리가 온전하게 전승된 셈이다.

공산노동요-야장요의 종류[14]

분류	소리 명칭
풀무질하는소리	〈똑딱불미소리〉, 〈토불미소리〉, 〈볼판불미소리〉, 〈디딤불미소리〉
흙덩이부수는소리	〈흙덩이바수는소리〉

말을 많이 길렀던 제주에는 말총이 풍부하고 유명하여 박지원(朴趾源, 1737~1805)의 『허생전(許生傳)』에 제주의 말총을 모두 사들여서 부를 축적하는 이야기가 그려질 정도로 널리 알려졌다. 말총은 선비나 양반의 상징인 갓을 만드는 최고급 소재였으므로 말총을 이용한 관망노동이 성행하여 제주산 탕건, 망건, 양태, 모자는 제주의 특

---

14 양영자, 『제주민요의 배경론적 연구』, 민속원, 2007, 125쪽 참고.

탕건맺기(기증: 노무라 신이치)

산물이었다. 이때 불린 〈맹긴뭇는소리(망건맺는소리)〉, 〈맹긴줃는소
리(망건겯는소리)〉, 〈양테뭇는소리(양태맺는소리)〉, 〈양테줃는소리(양
태겯는소리)〉, 〈탕근뭇는소리(탕건맺는소리)〉, 〈탕근줃는소리(탕건겯는
소리)〉 〈모자뭇는소리(모자맺는소리)〉, 〈모자줃는소리(모자겯는소리)〉
등은 제주의 독특한 생업을 엿볼 수 있는 여성노동요이다.

공산노동요-관망제조요의 종류[15]

분류	소리 명칭
망건뜨는소리	〈맹긴뭇는소리〉, 〈맹긴줃는소리〉
양태뜨는소리	〈양테뭇는소리〉, 〈양테줃는소리〉

---

15 양영자, 『제주민요의 배경론적 연구』, 민속원, 2007, 127쪽 참고.

| 탕건뜨는소리 | 〈탕근뭇는소리〉, 〈탕근줍는소리〉 |
| 모자뜨는소리 | 〈모자뭇는소리〉, 〈모자줍는소리〉 |

⑥ 임산노동요

제주사회에서는 일상생활에서 쓰이는 대부분의 도구가 나무로 만들어졌기 때문에 나무를 벌채하고 다듬는 작업에서 불렸던 노동요가 발달하였다. 특히, 한라산에는 좋은 나무가 많아서 궁궐이나 팔만대장경의 제작 등에 쓰일 나무를 진상하기도 했고, 이에 따라 주민들이 벌목이나 벌채에 동원되는 일도 많았다. 벌채와 관련한 소리는 〈톱질소리〉, 〈도치질소리(도끼질소리)〉, 〈낭끈치는소리(나무베는소리)〉, 〈낭싸는소리(나무켜는소리)〉, 〈자귀질소리〉, 〈귀자귀질소리〉, 〈낭까끄는소리(나무깎는소리)〉, 〈낭깨는소리(나무쪼개는소리)〉, 〈낭내리는소리(나무내리는소리)〉 등이 전승되었다. 전국적으로 나무를 자르는 노동행위와 직접 관련된 노래가 적은데 비해 제주도에서는 벌채노동의 실태가 그대로 드러나는 소리들이 직능에 따라 다양하게 분화되어 전승되었다는 점이 주목된다.

임산노동요의 종류[16]

분류	소리 명칭
나무베는소리	〈낭끈치는소리〉, 〈낭끈치는톱질소리(나무베는톱질소리)〉, 〈낭끈치는 도치질소리(나무베는도끼질소리)〉, 〈대톱질소리〉, 〈황기도치소리〉
나무켜는소리	〈낭싸는소리〉, 〈톱질소리〉

---

16 양영자, 『제주민요의 배경론적 연구』, 민속원, 2007, 119쪽 참고.

나무쪼개는소리	〈낭깨는소리〉, 〈낭깨는도치질소리(나무쪼개는도끼질소리)〉
나무깎는소리	〈낭까끄는자귀질소리(나무깎는자귀질소리)〉, 〈귀자귀질소리〉
나무내리는소리	〈낭내리는소리〉, 〈낭끗어내리는소리(나무끌어내리는소리)〉

⑦ 토건노동요

제주도의 집은 대부분 초집이었는데 집을 짓는 각 과정에서 다양한 노동요가 발달했다. 초집은 돌로 집의 뼈대를 만들고, 흙을 이겨서 보릿짚을 섞어 벽을 바르고, 늦가을에 베어다 말린 새(띠)를 지붕에 덮어 완성했다. 집터로 쓸 땅을 다질 때 부른 〈집터다지는소리〉, 〈달구소리〉, 〈원달구소리〉, 돌이나 흙을 나르면서 부른 〈목도질소리〉, 〈산태질소리〉, 마당에서 흙을 이기면서 부른 〈흑질소리(흙질소리)〉, 〈흑굿가는소리(흙굿가는소리)〉, 〈질뜨림소리〉, 흙에 섞을 보릿짚이나 산듸짚(밭볏짚)을 두드리면서 부른 〈찍두드리는소리(짚두드리는소리)〉, 지붕에 띠를 덮고 단단히 묶을 줄을 만들면서 부른 〈집줄놓는소리〉, 돌로 만든 집의 벽에 흙을 바르면서 부른 〈새벡질ᄒ는소리(새벽질하는소리)〉·〈흑질ᄒ는소리(흙질하는소리)〉, 집을 짓고 나서 자손이 잘되고 무탈하게 해 달라고 기원하면서 부른 〈상량소리〉 등이 전승되고 있다.

토건노동요의 종류[17]

분류	소리 명칭
땅다지는소리	〈집터다지는소리〉, 〈달구소리〉, 〈원달구소리〉

---

17 양영자, 『제주민요의 배경론적 연구』, 민속원, 2007, 129~130쪽 참고.

목도하는소리	〈산태질소리〉, 〈목도질소리〉
흙이기는소리	〈흑질소리〉, 〈흑굿가는소리〉, 〈질뜨림소리〉, 〈흑이기는소리〉, 〈흑굿이기는소리〉
짚두드리는소리	〈찍두드리는소리〉
집줄놓는소리	〈집줄놓는소리〉
벽바르는소리	〈새벡질하는소리〉, 〈흑질후는소리〉
상량하는소리	〈상량소리(上樑-)〉

⑧ 가사노동요

살림, 가사와 관련된 노래로는 애기를 재우면서 불렀던 〈애기구
덕흥그는소리(애기구덕흔드는소리)〉가 전승되고 있다. 대나무로 만
든 '애기구덕'에 아이를 뉘어 놓고 '웡이자랑 웡이자랑' 노래하면
서 구덕(바구니)을 흔들어 아기를 재웠기 때문에 사람들은 '웡이자

애기구덕(자료제공: 국립중앙박물관 유리건판)

랑'이라고 한다. 이 노래는 아이를 키운 사람이라면 남녀노소 가리지 않고 누구나 불렀던 노래로 독창으로 부르는 몇 안 되는 제주민요 중 하나이다. 육아와 관련된 만큼 삼승할망(삼신할머니)에게 아이가 잘 자라도록 해 달라고 비는 내용, 교육적인 훈계나 경세적 내용, 사회의 이념과 행동양식을 강조하는 내용 등 사설이 다양하다.

2) 의식요

의식요는 가정의례, 마을의례, 세시풍속 등 여러 의식에서 신에게 인간 삶의 화를 쫓아 주고 복을 달라고 기원하는 노래이다. 의식요에는 민중이 소망하는 바를 초자연적인 힘에 의지하여 풍농이나 풍어를 기원하는 노래, 액을 물리치고 복을 불러오기 바라는 벽사의식에서 부르는 노래, 재앙과 우환을 물리치고자 부르는 노래, 출생에서 죽음에 이르기까지 일생의례에서 부르는 노래 등이 있다.[18] 이를 크게 기원의식요, 벽사의식요, 통과의식요로 구분할 수 있다.

제주에는 신에 대한 제의가 다양하고 많았다. 세시에 맞춰 본향당굿, 영등굿, 마불림제 등을 치르며 생업의 풍요와 마을안팎의 안녕을 기원하였고, 직능에 따라 분화된 많은 신들에 대한 의례들도 비정기적으로 행해졌다. 이 외에도 친족조직을 강화하는 유교적 의례와 제의들이 있었다. 제주사회는 무속제의와 더불어 크고 작은 민간의례들이 복합적인 양상을 띠며 유지되어 온 제의공동체 사회

---

18 양영자, 『제주민요의 배경론적 연구』, 민속원, 2007, 134쪽 참고.

였다. 제주민요에 유독 신에게 비는 노래가 많은 것은 이러한 제주 사회의 성격과 맥락을 같이한다. 초월자에게 의탁하여 현실의 문제를 해결하려는 의지는 종종 자연과 신에 대한 경외심으로 표출되었다. 특히 평범한 일반인이 스스로 사제나 신의 대리자가 되어 안녕기원과 벽사의식을 거행하면서 부른 〈넉들이는소리(넋들이는소리)〉, 〈할망신디비는소리(할머니에게비는소리)〉, 〈베쓸어주는소리(배쓸어주는소리)〉, 〈동티없애는소리〉, 〈액막는소리〉 등은 무속제의의 성격이 강한 의식요이다. 그래서 이런 소리를 잘하는 사람들을 '반(半)심방(무당)'이라고 한다.

제주민요에는 안녕기원이나 벽사의식 등 본래적인 의식요 외에도 노동요나 유희요가 제의적 성격을 지니는 경우도 많다. 〈검질매는소리〉나 〈밧볼리는소리〉의 제석할망(제석할머니), 〈물질소리〉의 서낭, 〈불미소리〉의 영감, 〈애기구덕흥그는소리〉의 삼승할망 등은 모두 무속적 신들이다. 신들에 대해 노래로 기원하는 행위는 자연환경과 사회문화에 대한 대응과정의 산물이라 할 수 있다. 힘든 노동과 가난을 극복하고 풍요나 안녕을 기원하고자 하는 소망이 농사일과 바다일 등에서 부르는 노동요에까지 확대되었고 일상생활의 많은 영역에 두루 확장되어 전승되어 온 것이다.

제주에서는 인생의 통과의례마다 불리는 통과의식요가 많이 전승되고 있다. 특히 상례(喪禮)에서 불린 의식요가 다양하게 형성되었다. 초상이 나면 장사 지내기 전날 빈 상여를 메고 마을을 돌며 장례놀이를 하면서 〈꽃염불소리(-念佛-)〉를 불렀으며, 상례날에는 출상하면서 〈영귀소리(靈鬼-)〉를 부른다. 상여를 운상하면서 부른 '행상소리(行喪-)'로는 〈상여소리(喪輿-)〉, 〈꽃염불소리〉, 〈염불소리(念佛-)〉, 〈㈜진염불소리(-念佛-)〉 등이 전승되고 있다. 마을에 따라서 〈상여소리〉만 부르기도 하고, 〈상여소리〉와 〈꽃염불소리〉를 부르기도 하고, 〈꽃염불소리〉, 〈느진염불소리〉, 〈㈜진염불소리〉를 부르기도 한다. 상여가 장지에 도착하면 봉분에 쌓을 흙을 파면서 〈진토굿소리(塵土-)〉, 〈진토굿파는소리(塵土-)〉를 불렀다. 이 소리를 〈솔기소리(率氣-)〉 또는 〈질토소리〉라고도 하는데 마을마다 가락이나 구연방식이 조금씩 다르다. 봉분이 반쯤 완성될 즈음 묘를 다지면서 〈달구소리〉를 불렀다. 마을에 따라서 〈펭토소리〉, 〈멀호소리〉, 〈멀구소리〉, 〈멀고소리〉라고 하는데 역시 부르는 방식이나 가락이 조금씩 다르다. 제주에서는 초상이 났을 때 "영장 낫져", "장 낫져"라고 하고 장지(葬地)에 다녀온 것을 "영장밧디 갓다왓져 (장지에 갔다 왔어)"라고 한다. 그래서 상례에서 부르는 소리를 일반적으로 '영장소리'라고 부른다.

장례의식요의 종류[19]

분류	소리 명칭
장례하는소리	〈꽃염불소리〉
출상하는소리	〈영귀소리〉
운상하는소리	〈상여소리〉, 〈행상소리〉 〈꽃염불소리〉, 〈느진염불소리〉, 〈㈜진염불소리〉
봉분흙파는소리	〈진토소리〉, 〈진토굿소리〉, 〈진토굿파는소리〉, 〈질토소리〉, 〈솔기소리〉
묘다지는소리	〈달구소리〉, 〈펭토소리〉, 〈멀호소리〉, 〈멀구소리〉

---

19 양영자, 『제주민요의 배경론적 연구』, 민속원, 2007, 136쪽.

장례행렬(기증: 노무라 신이치)

3) 유희요

유희요는 여러 가지 놀이를 하면서 놀이의 진행을 위해 필수적으로 따르는 노래이거나, 놀이에다 즐거움을 더하기 위해 부르는 노래를 말한다. 노동요가 작업의 능률을 올리고 일의 고됨을 덜기 위하여 부르는 노래라면, 유희요는 놀이를 질서 있게 진행시키고 놀이 자체를 흥겹게 하거나 승부에 이기기 위하여 부른다.[20]

유희요는 크게 동작유희요, 도구유희요, 언어유희요, 놀림유희요, 자연물대상유희요, 신비체험유희요, 생활유희요, 조형유희요,

---

20 李昌植,『韓國의 遊戲民謠』, 집문당, 1999, 29쪽.

가창유희요로 나눌 수 있는데[21] 주로 어린이들의 유희요가 많이 전승되고 있다. 제주도의 유희요는 큰 범주에서는 언어유희요나 동작유희요 등의 존재양상이나 분포양상이 육지와 큰 차이가 없고 대개 자연이나 신체를 대상으로 한 유희요가 널리 분포하고 있다.

동작유희요는 도구 없이 몸만을 놀리며 노는 놀이에서 부르는 노래로 〈다리뽑기하는소리〉, 〈술래잡기하는소리〉, 〈손뼉치기하는소리〉, 〈원님놀이하는소리〉 등이 대표적이다. 이 중에서도 다리뽑기 하면서 부르는 노래로 〈혼다리인다리〉는 가장 인기 있는 놀이 중 하나인데 마을·구연자에 따라 사설의 길이나 내용이 다르다. 이 외에도 숨바꼭질하면서 부르는 〈곱을락소리(숨바꼭질소리)〉, 술래잡기놀이를 하면서 부르는 〈하르방하르방 문열어줍서(할아버지할아버지 문열어주십시오)〉, 패를 나누어 상대편 사람들을 자기편으로 데려가기 위해 호박놀이를 하면서 부르는 〈널모리동동〉을 비롯하여 노래에 맞춰 손뼉을 서로 마주치거나 손으로 유희를 하며 부르는 노래 등이 있다.

도구유희요는 아이들이 도구를 사용하여 놀면서 부르는 노래인데 〈베칠락소리(줄넘기소리)〉가 대표적이다. 짚으로 만든 줄을 돌려 줄넘기를 하면서 불렀는데, 두 사람이 서로 마주보며 부르는 소리가 있고 여럿이 줄넘기를 하면서 부르는 소리가 있다. 고무가 유입된 일제강점기 이후에는 여자아이들의 공놀이나 고무줄놀이에서 유희요가 많이 불렸다. 공놀이나 고무줄놀이에 참여한 사람 수,

---

21 양영자, 『제주민요의 배경론적 연구』, 민속원, 2007, 141~142쪽 참고.

놀이방식, 난이도 등에 따라 다양한 노래를 불렀는데, 사회상황이나 문화현상 등 시대상을 반영한 노래가 많다.

언어유희요는 말을 놀이의 대상으로 삼아 부르는 노래이다. 한글, 달(月), 요일, 숫자 등과 관련된 사설을 구성해 나가는 말풀이요, 특정한 언어요소를 뒤풀이하여 구성하는 말엮기요, 조건이나 질문으로 말을 잇는 말잇기요, 수수께끼요 등 매우 다양하다. 특히 제주에서는 수수께끼를 '예숙제끼기'라 하는데 민요에서 수수께끼가 매우 활발히 전승되었다. 민요 속 수수께끼 노랫말에는 제주사람들의 삶의 철학이나 재치, 가치관과 세계관, 은유적 표현 등이 담겨 있다.

놀림유희요는 신체나 행태, 인물 등을 놀리는 노래이다. 이 빠진 아이, 머리 깎은 아이, 얼굴 얽은 아이, 우는 아이, 화난 아이, 잘난 척하는 아이, 허풍쟁이, 오줌싸개, 싸움상대 등을 놀리며 부르는 노래들이 있다.

자연물대상유희요는 아이들이 동물, 식물, 천체 등을 놀이의 대상으로 삼아 부르는 노래이다. 생활 주변에 늘 존재하며 일상적으로 접하는 자연물을 주로 노래했다. 꿩, 까마귀, 솔개, 기러기, 파랑새, 잠자리, 매미, 개똥벌레, 반딧불, 거미, 방아깨비, 메뚜기, 도롱이(도마뱀), 달팽이, 풍뎅이, 뱀, 맹꽁이, 지렁이 등 동물, 게, 볼락, 우럭 등 각종 생선과 어류, 보리, 쇠비름을 비롯한 풀 등 식물, 그 외에도 비, 바람, 달, 별 등 기상과 천체를 노래하였다.

신비체험유희요는 신을 부르는 놀이를 하면서 부르는 〈신부르는소리〉, 최면술을 걸면서 노는 〈춤추게하는소리〉 등이 있다. 팔을 쭉 뻗은 상태에서 한 방향으로 어질어질해질 때까지 뱅뱅 돌리며 〈감

장돌라 감장돌라(매암돌라 매암돌라 또는 맴돌아라 맴돌아라)〉 하는
노래 등이 많이 불렸다.

생활유희요는 아이들이 일상적으로 생활하는 가운데 겪는 일이
나 어른들의 행태를 흉내 내어 모방하는 놀이에서 부르는 노래가
있어 '하르방(할아버지)', '할망(할머니)'이 등장하는 경우가 많다.

조형유희요는 그림을 그리면서 부르는 그리기요, 무엇을 만들면
서 부르는 만들기요가 있다. 주로 병아리, 곰, 돼지, 사람얼굴, 여자,
새, 해골바가지 등을 그리면서 부르는 노래, 모래집을 짓거나 풀각
시를 만들면서 부르는 노래 등이 있다.

가창유희요는 비기능요이면서 창곡 단위의 노래로 거의 대부분
통속민요를 말한다. 제주도의 유희요 중 가창유희요는 독특하고 독
자적인 전승양상을 띈다. 〈오돌또기〉, 〈이야홍〉, 〈너녕나녕^{너영나영}〉,
〈신목사타령(新牧使打令)〉, 〈봉지가〉, 〈산천초목(山川草木)〉, 〈동풍
가(東風歌)〉, 〈중타령(-打令)〉, 〈질군악(-軍樂)〉, 〈용천검(龍泉劍)〉,
〈계화타령(桂花打令)〉, 〈사랑가〉 등 다른 지역에서는 찾아보기 어려
운 가창유희요가 활발하게 전승되고 있다.

최근 〈오돌또기〉, 〈너녕나녕〉, 〈이야홍〉 등이 무대공연 중심의
예술단 활동에서 정서적 공감대를 얻고 대중적 인지도를 확보하면
서 인기 있는 가창유희요로 자리 잡았다.[22] 특히 근래에는 밝고 명
랑한 〈너녕나녕〉이 전국적으로 번져 나가 대중적인 노래가 되었다.
한편, 제주사회에서 널리 가창되고 있는 가창유희요는 〈서우젯소

---

22 양영자, 『제주민요의 배경론적 연구』, 민속원, 2007, 145쪽 참고.

리^{서우젯소리}〉이다. 원래 〈서우젯소리〉는 굿판의 석살림에서 신을 즐겁게 하기 위해 불렀던 노래인데 〈검질매는소리〉, 〈물질소리〉, 〈멜후리는소리〉 등 노동요에 파고들어 가락이 분화하여 새로운 노래를 탄생시켰고, 노래판까지 확장되어 가창유희요로도 전승되고 있다.[23]

---

23 양영자, 「제주민요의 배경론적 연구」, 제주대학교 박사학위논문, 2005, 140쪽 참고.

2. 제주민요의 성격과 특징

1) 내용적 특질

제주민요는 여성민요가 풍부하다. 제주여성들은 〈방에짛는소리〉, 〈ᄀ레ᄀ는소리〉, 〈물질소리〉 등 여성민요만이 아니라 종류를 가리지 않고 거의 모든 민요를 별다른 제약 없이 부른다. 〈밧가는소리〉, 〈밧불리는소리〉, 〈ᄆ쉬모는소리〉, 〈행상소리〉, 〈달구소리〉 등 남성들의 노래조차 어려움 없이 부른다. 제주사회에서 여성들이 밭을 갈거나 마소를 몰아 밭을 밟는 일, 상여에 올라 행상소리를 하는 일 등은 사회의 필요를 수용한 것으로 대수롭거나 특별한 일이 아니었다. 그 덕분에 제주여성들은 노동이나 의례 등 생활의 각 영역에 남성과 대등하게 참여하여 삶의 무대를 확장시킬 수 있었다. 여성의 능동적인 역할과 진취적인 사회참여는 빈부의 격차를 해소하고 남녀 동등한 사회를 이루는 바탕이 되었다. 그 과정에서 발산된 여성노동요도 그 결이 한층 두텁고 넓어졌다.

제주민요는 사설의 내용이 풍부하고 다양하다. 민요마다 독특한 생업양식과 노동의 기능뿐만 아니라 생활과 현실인식, 삶의 희로애

락, 사회풍습과 가치관 등이 적나라하게 반영되어 표현될 뿐만 아니라 부조리에 저항하고 극복하여 사회정의를 실현하려는 의지가 표출되기도 한다.

제주는 독립국이었던 탐라국시대를 거쳐 고려시대 때 중앙에 예속된 이후 오랫동안 '외딴섬', '귀양섬', '변방'으로 인식되어 왔다. 지리적 단절, 협소하고 척박한 농지, 잦은 풍수해 등 자연조건과 공납·부역, 출륙금지령, 외세의 침입, 유배객의 유입 등 사회·역사 요인 속에서 제주사람들은 중앙의 지원에서 다소 소외된 삶을 살아왔다. 이러한 바탕에서 제주민요는 역사와 현실에서 일어난 감흥, 삶의 이치, 응어리진 마음을 토로하려는 욕구가 표출된 노래로서 빼어난 문학성과 역사성을 지닌다. 삶의 전 영역을 두루 반영하면서도 독특하고 시적인 표현과 지역성이 강하게 드러나는 비유 등은 현대사회에 충분한 공감을 준다.

제주민요는 다른 지역에 비해 유독 노동요가 많이 전승되고 있다. 앞에서 살펴본 바와 같이, 노동요는 노래의 종류가 다양하고 양적으로 많을 뿐만 아니라 제주 전 지역에 고르게 분포하고 있어서 '제주민요의 꽃'이라고 할 만하다. 또한 사설은 노동의 기능과 특징, 생업방식과 사회운용의 원리 등을 반영하고 있어 제주문화사를 조명하는 민속지로서도 가치가 있다.

제주민요는 일의 종류와 성격, 기능에 따라 노래가 분화하여 발달하였다. 노동의 기능에 따라 가락의 분화까지 일어남으로써 노동요의 양과 종류가 풍부하다. 제주사회는 노동의 작업과 인력의 교류가 활발히 일어나는 강한 공동체를 구성한 덕분에 민요는 연행상황에 따라 적절한 가락의 전이를 이루면서 새로운 노래를 파생시키기도 했다. 봉분 다질 때 부르는 〈달구소리〉와 〈집터다지는소리〉처럼 기능의 유사성에 따라 미묘한 가락의 전이를 일으키기도 하고, 굿판의 의식요이자 유희요의 성격을 지닌 〈서우젯소리〉가 밭매기 노동에서 〈아웨기〉라는 장르를 파생시키기도 하였다.

제주민요는 공동체적인 성격이 강하다. 제주의 척박한 자연환경과 사회역사적 요인 등은 제주사람들이 일하지 않고는 생계를 유지할 수 없도록 하였다. 섬이라는 한정된 공간에서 현실의 여러 문제를 해결하기 위하여 제주사람들은 자연스럽게 '사돈의 팔촌'으로 엮이며 '궨당공동체(친척공동체)'를 형성하였다. 한 마을 내에 성펜궨당(성가친척), 외펜궨당(외가친척), 시궨당(시가친척), 처궨당(처가친척)들이 공존하며 명절이나 혼례·상례뿐만 아니라 노동과 일상의 생활을 함께 하였다. 의례·제의공동체, 노동공동체, 생업공동체, 생활공동체 등 얽히고설킨 다원적 공동체는 혼인에 의해 이웃마을로까지 확장되면서 지역공동체로 결속하였다.[24] 어느 마을이든 수많은 '접(계)'이 조직되어 접원들의 긴밀한 유대관계 속에서 세시, 날씨, 형편에 맞추어 농경과 어로작업, 마소의 방목 등을 집약적이고 효율적으로 운영하였다. 또한 바다밭의 해산물 공동채취나 목장이용 등 한정된 자원의 평화로운 이용과 분배, 사회·현실 문제를 합리적으로 해결하고 도모하였다. 삶의 전 영역에서 그것을 실행하게 만든 것은 '수눌음(품앗이)'이라는 협부조직(協扶組織)이

---

24 양영자, 『제주학으로서 제주민요』, 민속원, 2017, 13쪽 참고.

었다. 수눌음방식은 생업·의식·생활 곳곳에 뿌리깊이 정착하여 강력한 사회규범으로 기능하며 김매기, 밭밟기, 꼴베기, 나무내리기, 나무 자르기, 방앗돌굴리기, 상여매기, 산담쌓기, 초가집 집줄놓기, 가뭄에 물 길어나르기, 멸치후리기 등에 광범위하게 적용되었다.[25] 수눌음은 제주민요가 전도적으로 확산되고, 이에 따른 전승집단을 지속적으로 유지시키는 데 중요한 바탕이 되었다. 조직적이고 집단적인 사회운용의 원리에 힘입어 제주노동요는 근원적으로 강한 공동체성을 지니게 되었다.

2) 가창방식

공동체적인 성격이 강한 만큼, 대다수의 제주민요는 서로 어울려 불러야 소리에 힘이 붙고 소리의 진가를 발휘할 수 있다. '검질매는 소리'인 〈사데소리〉, 〈아웨기〉, 〈홍애기소리〉, 〈담벌소리〉 등은 집단적인 '수눌음검질'에서 불렸고 〈영장소리〉 등 상례요는 온 동네 사람들이 상두꾼으로 참여하고 여성들까지도 '설베'를 매어 장지까지 동행하는 집단적인 연행상황에서 불렸다. 동네사람들이 모여 초가지붕을 일 때 집줄을 놓으며 부른 〈집줄놓는소리〉나, 불미판에서 작업하면서 부른 〈불미질소리〉, 꼴을 베면서 부른 〈촐비는소리〉, 곡식을 타작하면서 부른 〈마당질소리〉 등이 모두 집단노동에서 불렸다.

---

25 양영자,『제주민요의 배경론적 연구』, 민속원, 2007, 187쪽 참고.

집단의 화합을 위해 노래가 필요했던 만큼 노동요는 구조적으로 혼자 부를 수 없다.[26] '이 소리로 우기멍 가자', '이 소리로 일심동력 협서', '역군님네덜 다몰ㄱ찌 모다나듭서' 하며 서로를 독려하는 사설을 통해 노동의 시간은 공동체 성원의 동질감을 확인하는 중요한 사회문화적 행위임을 알 수 있다. 어떤 위치에 있든 최선을 다해 열심히 참여하는 사람이 우대받는 풍토가 마련되었고, 유능한 소리꾼 일수록 노동의 완급을 지혜롭게 조율할 줄 아는 역량을 지니게 되었다. 제주의 사회풍토에서 일 잘하는 사람이 노래도 잘 부르게 되어 있는 것은 지극히 자연스러운 현상이었다.

다른 지역과 비교하였을 때, 제주에서는 독창이나 제창보다는 선후창과 교환창의 세력이 광범위하다. 노동의 괴로움을 해소하고 노동의 효율성을 높이기 위해 선후창의 방식이, 집단신명을 살리고 노래집단을 유지하는 데 교환창의 방식이 널리 사용되었다. 제주사회가 원초적이고 강한 공동체 성격을 지니고 있어 노동요나 의식요에서 선후창과 교환창 방식이 두루 사용되는 점에 대해서는 누구나 쉽게 이해하고 공감하는데, 가창유희요조차 독창이나 제창이 선택되지 않는 점은 타 지역 민요와 확연히 구별된다. 현재 가창유희요 〈산천초목〉이 독창형식으로 연행되고 있긴 하나 이는 매우 특별한 경우이고 다른 유희요들은 개인의 정서표출이나 가창실력이 주가 되는 상황에서도 집단적인 가창방식을 택하는 경우가 많다.

제주민요에서 독창방식은 일 자체가 혼자서 하는 일로 속도를 통

---

26 양영자, 『제주민요의 배경론적 연구』, 민속원, 2007, 151쪽 참고.

〈그레그는소리〉

일시킬 수 없는 망건이나 양태를 짜는 일, 혼자서 풀무질하는 '똑딱
불미'나 애기구덕을 흔들어 아기를 재우는 일 등 혼자서 할 수밖에
없는 일에서만 개별적으로 선택된다. 혼자서 부르는 노래일지라도
원래의 가창방식이 독창이 아닌 경우가 많다. 밭밟기, 거름밟기, 꼴
베기, 나무자르기, 나무내리기, 나무깎기 등은 공동으로 일하는 것
이 본래 모습이고 혼자서 일하는 경우는 특수한 상황과 조건에서
이루어진다. 일의 성격상 공동으로 행해지나 경우에 따라 혼자서
도 할 수 있는 일에서 집단의 노래를 끌어들여 부르는 것이다.[27] 가
사노동을 제외하고는 대부분 집단적·공동적으로 일상을 해결해 온

---

27 양영자, 「제주민요의 배경론적 연구」, 제주대학교 박사학위논문, 2005, 95쪽
참고.

제주사회의 수눌음관행 때문에 독창은 발달하지 못한 것으로 보인다.

더욱 두드러진 것은 같은 작업을 수행하면서도 공동의 사설을 노래하지 않고 각각의 정서를 표출하는 '각자부르기' 방식이 발달했다는 점이다. 〈밧볼리는소리〉, 〈물질소리〉, 〈남방에소리〉, 〈마당질소리〉 등에서 1:1:1이나 1:1:1:1로 이루어지는 교환창의 방식이 줄곧 연행된다.[28] 노래판에 참여한 사람들은 처음에는 선후창방식으로 부르고 어느 지점부터는 특정 소리꾼의 사설을 '이어받아부르기'도 하다가 마침내 각자 자신의 사설을 노래하는 쪽으로 바뀌면서 시끌벅적한 노래판을 형성하게 된다. 이때 각자 자신의 직분과 사설에 몰두하여 구연하기 때문에 노래의 개별성은 더욱 강조된다. 일정한 틀이나 구속력 없이 각자 독립적으로 자신의 소리를 하면서 노래판은 독특하고 복잡한 양상으로 전개되면서 오묘한 조화를 이루게 된다. 때로는 일정한 후렴구가 단순히 반복되기도 하고 이어지거나 끊겼다가 다시 이어지기도 하지만 분명한 것은 선소리꾼[선창자]이 따로 존재하지 않고 누구나 다 선소리꾼의 기능을 수행하는 열린 구조라는 점이다.

민요현장에서 대체로 선소리꾼은 노동의 기능을 파악하여 노동집단을 주도적으로 움직이며 상황에 맞는 사설을 즉흥적으로 구연함으로써 긴장과 이완을 통하여 사람을 부리는 역할을 수행한다.

---

28 양영자, 『제주민요의 배경론적 연구』, 민속원, 2007, 154쪽.

홋소리꾼^{후창자}들은 일정한 가락과 후렴²⁹을 반복해서 받으며 노동의 박자와 호흡을 조절하며 조력한다.³⁰ 하지만 제주민요에서는 홋소리꾼이 선소리꾼을 따라가면서 후렴만 부르는 것이 아니라 어느 지점에서는 사설을 주도하기 시작하여 한참동안 선소리꾼의 기능을 수행하다가, 또 어느 지점에서 다른 사람으로 선소리꾼이 바뀌거나 '함께부르기'를 거듭 반복한다. 이때 각자 자신의 직분과 사설에 몰두하여 구연하기 때문에 노래의 개별성은 더욱 강조된다. 일정한 틀이나 구속력 없이 각자 독립적으로 자신의 소리를 하면서 노래판은 독특하고 복잡한 양상으로 전개된다.

하나의 노래에서 하나의 방식으로만 구연되지 않고 독창, 선후창, 교환창 방식이 두루 혼재되어 불리는 점도 독특하다. 제주민요는 어떤 노래도 하나의 가창방식만을 고집하지 않는다. 이러한 현상은 가창유희요를 부를 때도 마찬가지다. 대부분의 제주민요는 노래판의 상황이나 분위기, 구연집단의 특성, 가창자들의 역량 등이 어우러져 복합적인 양상을 띤다. '서로 주고받으며 부르기', '끼

---

29 후렴은 노동이나 유흥현장에서 집단가창으로 부르는 민요에서 형성된다고 할 수 있다. 특히, 선후창 방식으로 부르는 민요에 바탕을 두고 있다. 여러 사람이 서로 주고받으며 소리를 할 때 호흡이 맞지 않아서 때를 놓쳐 버리면 그만큼 흥이 감소하고 노동이나 여가의 효율성이 떨어질 수 있기 때문에 주고받는 경계를 어떻게 설정하는가는 노래집단의 운용에 매우 중요한 문제이다. 렴은 이러한 필요를 충족시키기 위해 자연발생적으로 형성되었다고 할 수 있다. 노래에 필수적인 존재는 아니지만 동일한 구조의 렴을 반복적으로 노래함으로써 별개의 내용들을 하나의 체계 안으로 끌어들이고 정서를 개괄하여 표현함으로써 예술적 아름다움을 높이는 구실을 한다. 렴을 사용하는 민요의 전통은 우리 시가의 고려속요에 잘 반영되어 있다.

30 양영자,『제주민요의 배경론적 연구』, 민속원, 2007, 152쪽 참고.

어들어 부르기', '돌아가며 부르기', '이어 부르기' 등의 방식이 정해진 규칙이나 순서 없이 즉흥적이고 자유롭게 운용된다. 가창자와 청중은 시시때때로 입장을 바꿔 가며 각자의 레퍼토리를 노래하는데 주객이 전도되고 혼연일체가 되어 시끌벅적한 소리판이 형성되는 지점에서 노동과 놀이는 통합되고 흥과 신명은 최고로 살아난다. '같이 또 따로 부르기'가 절묘하게 조화를 이루는 제주민요의 미적 체험양식은 '집단 속의 개인'을 인정하려는 제주사회의 인식체계와 맥이 닿아 있다고 하겠다.

3) 악기와 장단

제주민요는 거의 모든 노래가 악기를 수반하지 않은 채 자유분방하게 불린다. 노동요나 의식요는 말할 것도 없고 유희요조차 일정한 장단이나 박자 없이 부르는 경향이 있다. 일부 가창유희요들만이 주변에서 쉽게 구할 수 있는 생활도구를 이용하여 즉흥적인 장단과 박자로 부른다.

〈오돌또기〉를 비롯한 일부 가창유희요에서는 종종 허벅이 악기로 수반된다. '허벅'은 물을 길어 나르는 제주도 특유의 질그릇 물동이인데 이를 특별히 '물허벅'이라 한다. 전통사회에서는 대나무로 짠 구덕에 물허벅을 담아 등짐으로 져 날라 생계를 이었으므로 제주여성들은 어린아이부터 어른까지 신체적 조건에 맞는 다양한 크기의 허벅을 갖고 있었다. 식수가 귀했던 중산간마을 여성들은 3~5km 떨어진 바닷가 용천수까지 가서 허벅으로 물을 길어다 생

활용수로 사용했다. 특히 마
을에 잔치나 상례가 있거나
집짓기 같은 큰일이 있을 때
에는 마을의 모든 여성들이
허벅에 물을 길어 나르는 물
부조를 했다. 이때 젊은 여성
20~30여 명이 일렬로 줄지어
허벅으로 물을 길어 나르는
수눌음에 참여하였다. 무거운
허벅을 지고 먼 길을 오가는

물허벅

일은 매우 고된 일이었는데 허벅의 물이 쏟아지지 않도록 노심초사
하며 동산을 오르고 나서 바람이 잘 부는 언덕배기나 팽나무 그늘
에 다다르면 잠시 휴식을 취하기 마련이었다. 이때 누군가 노래를
부르기 시작하면 덩달아 허벅을 두드리면서 즉흥적인 노래판이 벌
어졌다. 이때 물을 담는 주요 필수품인 허벅은 장단과 박자를 맞추
는 악기로서 반주에 이용되었다. 물허벅은 즉흥적인 노래판이나 동
네잔치, 접모임 등 여유와 여흥을 즐기는 자리에 악기로 동원되었
다. 이를 '허벅장단'이라 한다.

　허벅장단은 두드리는 도구의 종류나 재질, 위치나 방법에 따라 소
리에 차이가 있다. 허벅을 두드리는 재료는 수저, 쇠젓가락, 콕박[31],
나무막대 등 일상생활 가까이에 있는 재료들이 사용되었다. 제주민

31 　박을 반으로 쪼개 씨를 파내고 만든 바가지

요 보유자 조을선(趙乙善, 1915~2000)은 주로 쇠젓가락으로 장단을 맞추었는데 그것은 일상생활에 늘 가까이 있었기 때문이다. 전통사회에서 물 긷는 용도로 사용되었던 쿡박은 마을에 수도가 들어오고 나서 한동안 사용되지 않다가 근래 공연용 소품으로 다시 등장하였다. 허벅과 장단 도구들은 생활도구에서 악기로 그 기능이 변모하게 되었다.

허벅을 치는 위치나 방법에 따라 소리를 다양하게 낼 수 있다. 허벅장단에서 허벅의 바깥면을 사용하지 않고 입구인 부리를 쳐서 소리를 내는 것을 '입구치기'라 하고, 쿡박이나 수저, 젓가락 크기의 나무막대 등을 사용하여 허벅의 바깥면을 치는 것을 '외벽치기'라 한다. 쿡박이나 수저 같은 둥근 도구는 주로 옆면을 치는 데 사용하고, 젓가락 같은 길쭉한 도구는 허벅부리의 앞쪽을 두드리는 데 사용한다. 허벅을 두드릴 때 허벅의 부리를 막아 버리면 소리가 막혀서 나오지 않기 때문에 손바닥으로 부리를 쓸어서 훔치듯 살짝 비켜 줘야 한다. 허벅을 튕기듯 비키면서 두드릴 때 더 맑은 소리가 위로 올라오고, 빈 허벅이나 물이 가득 찬 허벅보다는 물이 살짝 들어 있을 때가 가장 맑고 고운 소리가 난다. 장단 도구는 소리의 질감을 다르게 하므로 가창자의 개성에 따라 대나무, 나뭇가지, 놋수저 등이 다양하게 선택된다. 이 도구들을 사용하여 〈용천검〉같이 빠른 노래들은 작은 장단으로 치고, 〈오돌또기〉같이 다소 느리게 부르는 노래는 느린 장단으로 친다. 〈산천초목〉은 허벅장단 없이 그냥 부른다.

허벅장단은 제주사람들이 자연과 삶 속에서 조화를 이루며 친화

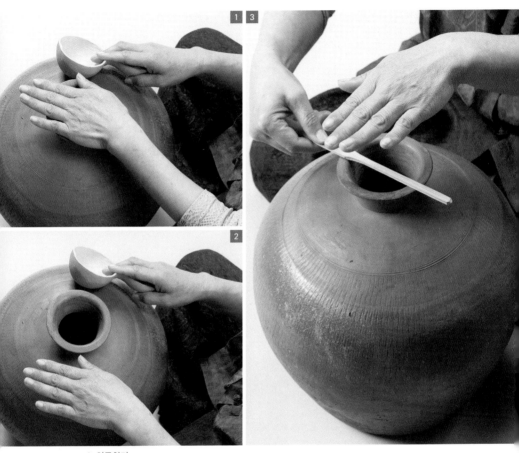

1. 입구치기
2. 쿡박을 이용한 외벽치기
3. 대나무편을 이용하여 입구치기

적으로 살아온 모습을 엿볼 수 있게 한다. 흙을 구워서 만든 허벅, 대나무를 결어서 만든 구덕, 조롱박으로 만든 쿡박 등은 모두 자연에서 가져온 재료들이다. 이 도구들은 제주사람들의 목소리와 가장 잘 어울리는 악기라고 할 수 있다. 여성들의 삶과 함께 했던 물허벅은 제주민요의 장단을 살리는 악기가 되어 제주민요 특유의 질감과 멋스러움을 만들어 냈다.

II

제주민요의
발생과 전승

1. 성읍마을의 역사와 문화

제주 성읍마을은 한라산(漢拏山) 동남쪽에 위치하고 바닷가마을 인 표선리(表善里)에서 8km 정도 한라산 쪽으로 올라간 지점에 있 는 산간마을이다. 마을 중앙에 해발 326m의 영주산(瀛洲山)이 있고 주변을 둘러 가며 남산봉, 개오름, 백약이오름 등이 마을을 감싸는 분지형지세를 이루며, 마을 동쪽으로 천미천(川尾川)이 휘돌아 바닷 가마을로 흘러간다. 이러한 자연 조건은 사람들의 생활에 유리한 환 경을 제공했던 것으로 보인다. 대규모 개발 사업을 진행하는 과정에 서 성읍마을 일대에서 신석기시대 생활유적이 다수 발굴됨에 따라 신석기시대 이후부터 탐라국시대를 거치는 동안 이 일대에서 사람 들이 생활터전을 삼고 살아왔음이 확인되었다. 이는 성읍마을이 정 의현청의 이설로부터 생겨난 계획도시가 아니라 오래전부터 자연 마을을 형성하여 살아왔음을 짐작하게 하는데 마을의 역사와 유래 에 대해서는 다수의 '본향당본풀이'와 구전으로 전승되고 있다.

1397년(태조 6) 제주에 제주목(濟州牧)이 설치되었다. 1416년(태 종 16) 안무사 오식(吳湜, 1370~1426)이 제주에는 백성이 많아 소송 이 끊이지 않는데 한라산 북쪽 한 곳에만 관아가 있어 한라산 남쪽

에 거주하는 백성들이 관아를 왕래하는 불편함이 있고 제주목사의
행정력이 미치지 못하는 등 토착세력이 불법적인 약탈을 일삼는 폐
단을 시정하기 위해 행정구역 개편이 필요하다고 건의하였다. 태종
은 오식의 논리를 받아들여 한라산을 정점으로 북쪽을 제주목(濟州
牧), 남쪽을 다시 동서로 나누어 서쪽을 대정현(大靜縣), 동쪽을 정
의현(旌義縣)의 삼읍체제로 개편하였으며 이 체제는 조선 말기까지
이어졌다.[32]

정의현이 설치될 당시 정의읍성은 우도 인근에 출몰하는 왜구를
방어하기 위하여 고성(古城)마을에 있었다. 하지만 왜구의 방어와
퇴치에 큰 실효를 거두지 못하였고 정의현이 제주도의 동쪽으로 치
우쳐 위치하여 호아현(狐兒縣)과 홍로현(烘爐縣) 백성들의 관아출입
도 불편하였으며 효율적인 내부통치에도 어려움을 겪게 되었다. 정
의현청은 이와 같은 이유로 1422년(세종 4)에 정의현 '진사리(晋舍
里)', 지금의 성읍마을로 이설되었다.[33] 정의현의 도읍을 성읍마을
로 옮긴 것은 오름으로 둘러싸여 분지형 대지가 형성됨으로써 생활
환경에 유리한 조건을 갖추었고, 병화불입지지(兵火不入之地)의 풍
수지리 요인으로 전란이나 우환 시 방어와 안전에 유리하다는 점
등이 고려된 것으로 보인다. 정의읍성은 대규모 국책사업으로 제
주도 삼읍 장정들을 동원하여 불과 5일 만에 완성한 것으로 전해진

32 『태종실록』권31, 태종16년 5월 6일
33 『세종실록』권18, 세종4년 11월 9일

다.[34] 정의읍성에는 동문, 서문, 남문과 여첩(女堞, 성 위에 쌓은 돌담) 180여 개가 설치되고, 읍성 내에는 정의현감의 집무시설을 비롯하여 각종 관사, 망루와 정자 등 지방통치에 필요한 건물들이 배치되었다. 제주목사 이원진(李元鎭, 1594~1665)의 『탐라지(耽羅志)』[35]에는 "객관동헌(客舘東軒)·아(衙)·관청(官廳)·향소청(鄕所廳)·출신청(出身廳)·무학청(武學廳)·작청(作廳)·창고(倉庫)·향약(鄕約)·사묘(祠廟)·장관(將官)·군병(軍兵)·노비(奴婢)" 등 관서와 시설에 대해 기록해 놓아 정의현의 행정 중심지로서 성읍마을의 위상을 알려 준다. 제주목, 대정현, 정의현이 관도로 연결되고 길을 따라 마을이 형성되면서 사람들의 이동과 교류도 활발하게 되었다.

성읍마을은 『동여비고(東輿備考)』, 『탐라순력도(耽羅巡歷圖)』의 「한라장촉(漢拏壯矚)」과 「정의조점(旌義操點)」, 『탐라지도 및 지도병서(耽羅地圖—地圖竝序)』, 『해동지도(海東地圖)』의 「제주삼현도(濟州三縣圖)」, 『제주삼읍도총지도(濟州三邑都總地圖)』 등 고지도에 '정의(旌義)' 또는 '정의현'으로 표기되었고, 후대에 제작된 『1872년 지방지도(1872年 地方地圖)』 「전라도(全羅道)」 '제주삼읍전도'에는 '성읍리(城邑里)', 『제주읍지(濟州邑誌)』에는 '성읍촌(城邑村)'으로 표기되고 있다.

성읍마을로 정의현청이 옮겨지면서 향교가 들어서고 관리들이

---

34 "계묘년 정월 9일에 시작하여 13일에 끝났으니 공정이 매우 신속하였다."(『신증동국여지승람』권38 「전라도」 정의현)

35 『탐라지』 「정의현」

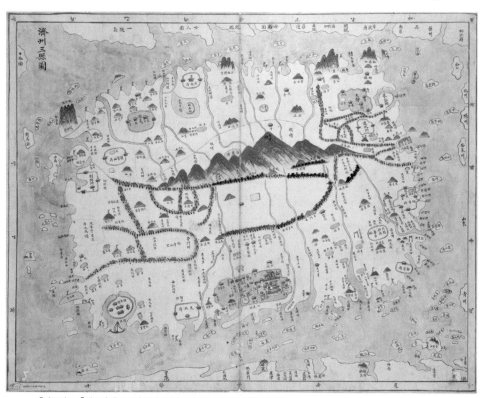

『해동지도』「제주삼현도」 (자료제공: 서울대학교 규장각한국학연구원)

유입되었다. 정의현의 고을 관헌들이 만들어 내는 풍류와 노래문화는 일반 서민들에게 흘러들어 가창유희요의 전승이 활발히 일어나도록 하였다. 또한 관헌 주변에 있는 기녀들 가운데는 지방관의 교류와 함께 육지에서 온 기녀들에 의해 육지민요가 유입되기도 했을 것으로 추정된다. 당시 기녀들은 대부분 민가에서 마을사람들과 함께 지냈고 마을사람들의 소리판에 초청되거나 참여하는 등 교류가 빈번했다고 전해진다. 때문에 연회나 경연, 풍류의 장에서 불린 유희요들은 민간에 자연스럽게 퍼져 나가 노동요에 흡수되기도 하고 노래판의 유희요가 되기도 했다.

성읍마을의 교육·문화 토양을 형성하는 데는 유배인들의 영향도 작용했을 것으로 보인다. 선조(宣祖)의 일곱째 아들 인성군(仁城君, 1588~1628)의 윤씨 부인과 아들 삼형제, 두 딸, 소현세자(昭顯世子, 1612~1645)의 아들과 손자, 사도세자(思悼世子, 1735~1762)의 아들들이 정의현에 유배 온 대표적인 인물들로[36], 유배인들이 정의현에 들어온 시기는 대체로 조선 후기인 1600~1800년대이다. 이들 중 인성군의 막내아들 이건(李健, 1614~1662)은 정의현에 유배 당시 15세였는데 총명하고 시문과 서화에 능하여 주위 사람들에게 칭송을 받았다. 그는 1628년(인조 6)부터 1635년(인조 13)까지 8년간 정의현에서 귀양살이를 하면서 보고 들은 바를 『규창집(葵窓集)』에 수록하였다. 그 속에 들어 있는 한문수필 「제주풍토기(濟州風土記)」

---

36 조선시대에 제주도로 유배 온 사람은 모두 261명으로 그중 38명이 정의현에 유배되었다.(강만익, 「근대이전의 역사」, 『성읍마을』, 성읍마을회, 2015.)

는 제주도의 기후와 토지상태, 풍습, 생활상 등 당시 제주의 사정을 연구하는 데 귀중한 자료가 되고 있다.[37]

이러한 여러 사회 배경에 따라 성읍마을의 문화기반은 더욱 다층적이고 다양하게 형성되면서 탄탄해졌던 것으로 보인다. 그러다 보니 경제활동을 비롯하여 의례, 신앙, 민속행사 등이 다양하게 이루어졌고 밭농사, 목축, 건축, 제조, 행정 등 생업의 종류가 많아지고 규모도 컸다. 마을공동체의 다양한 삶의 방식만큼이나 민요도 다양하게 형성되어 전승되었다. 노동요뿐만 아니라 의식요와 유희요도 다수 전승되고 있다.

조선시대 정의현의 모습은 1702년(숙종 28) 제주목사였던 이형상(李衡祥, 1653~1733)이 화공 김남길(金南吉)에게 그리게 한 『탐라순력도』를 통해 유추할 수 있다. 『탐라순력도』는 제주도의 주요 장소들을 돌아보는 장면과 행사모습 등 총 40도(圖) 가량 기록한 것이다. 이 중 정의현과 관련된 그림으로 「정의조점」, 「정의양로(旌義養老)」, 「정의강사(旌義講射)」가 들어 있다. 「정의조점」은 정의읍성에서 군사조련을 점검하는 장면이다. 「정의양로」는 정의현성 객관 앞에서 이루어진 노인잔치 장면으로, 노인들 앞에서 반주하는 사람, 춤추는 무희들, 집장사령(執杖使令)들이 양쪽으로 줄지어 서 있는 모습이 그려져 있다. 당시 이 마을에는 80세 이상 17인, 90세 이상 5인이 있다고 해설하여 장수노인이 많았음을 알 수 있다. 「정의강사」는 정의현에서 활쏘기를 익히는 장면이다. 훈장(訓長) 5명, 교

---

37 김봉옥, 『제주통사』, 제주발전연구원, 2000, 182~183쪽.

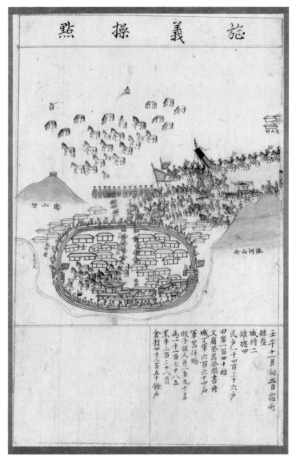

『탐라순력도』 「정의조점」(자료제공: 제주특별자치도 세계유산본부)

사장(教射場) 7명, 유학을 공부하는 사람 166명이 참석한 가운데 활 쏘는 사람 87명이 재주를 겨루는 모습이 그려져 있다. 당시 정의현에 거주하는 사원이 350여 명이었다고 하니 마을의 규모를 짐작하고도 남는다.

이후 1864년(고종 원년) 정의현과 대정현을 승격하여 군수를 두고 전라도의 관할로 소속되었지만 행정상 불편이 많아서 1880년(고종 17) 원래의 현으로 환원되었다. 1906년(광무 10)에는 목사제도를 폐지하면서 군수를 두었고, 일제강점기인 1914년(순종 7)에는 대정, 정의 2군이 없어지면서 제주군에 합병되었다. 조선총독부에서 간행한 『생활상태조사(生活狀態調査)』에 1929년 당시 성읍마을 인구가 367호, 남자 816명, 여자 858명으로 기록된 것을 보면 500여 년 간 정의현의 중심지였던 성읍마을의 규모를 살펴볼 수 있다.[38]

일제는 1912년(순종 5)부터 제주사람들을 강제 동원하여 해안가 일주도로 개설공사를 단행하여 1918년(순종 11) 전후에 신작로(新作路)라는 일주도로를 개설하였다. 이때부터 일주도로가 통과하는 해안마을이 새로운 중심지로 부상하게 되었고, 산간마을인 성읍마을은 점차 중심지로서의 기능을 상실하게 되었다. 신작로의 개통으로 교통이 편리해지고 인구가 증가했다는 이유를 들어 1934년에 면사무소를 해안마을인 표선리로 옮기면서 면의 명칭 또한 표선면으로 바뀌게 되었다. 이에 따라 성읍마을은 약 500년 동안 유지했던 읍치로서의 위상을 상실하게 되고, 주요 도로망에서 벗어난 평범한 산간마을이 되었다. 1966년 성읍마을과 외부를 연결하는 버스 노선이 생기기 전까지 성읍마을은 고립된 오지 산간마을이었다. 제주시를 가기 위해서는 성읍2리의 구렁팟을 거쳐 구좌읍 등성마루를 가로질러 조천읍 와산리와 와흘리를 거쳐 제주시 봉개로 걸어

---

38 朝鮮總督府, '人口', 「經濟事情」, 『生活狀態調査 其2: 濟州道』, 民俗苑, 1992.

서 가야했다. 아침 8시에 출발하면 오후 3시경까지 7시간 정도 걸어야 도착할 정도였는데[39] 1966년 성읍-표선 간 버스가 개통되면서 인근 마을로 이동이 가능해지고 생활권이 확대되기 시작했다.

오랫동안 정의현의 중심지 역할을 했던 성읍마을은 노래향유층이 탄탄하게 형성되어 그 전통을 오래 유지해 오면서 독특한 노래문화를 만들었다. 그래서 소리의 전승이 활발하게 이루어졌고 소리를 잘하는 소리꾼도 여느 마을보다 많았던 것으로 보인다. 이후 해안도로의 건설 등으로 평범한 산간마을이 된 성읍마을은 외부와의 연결이 자유롭지 않은 지리적 특성 때문에 외부의 문화 유입이 적었고 문화가 밖으로 나가는 것도 느렸다. 그 덕분에 언어, 문화, 민속 등 고유하고 전통적인 옛 문화를 고스란히 간직할 수 있었고 전형적인 제주민요가 오래 보존될 수 있었다. 성읍마을은 제주민요 외에도 느티나무와 팽나무[40], 객주집과 고택[41] 등이 잘 보존되어 있어 민속보호마을로서 가치를 인정받아 1984년 국가민속문화재 제188호로 지정되었다.

---

39 김영돈, 『제주성읍마을』, 대원사, 2012, 23쪽 참고.

40 천연기념물 제161호 제주 성읍리 느티나무 및 팽나무 군

41 국가민속문화재 제68호 제주 성읍마을 객주집, 국가민속문화재 제69호 제주 성읍마을 고평오 고택, 국가민속문화재 제70호 제주 성읍마을 고창환 고택, 국가민속문화재 제71호 제주 성읍마을 한봉일 고택, 국가민속문화재 제72호 제주 성읍마을 대장간집

2. 성읍마을에서 전승되는 민요

　성읍에는 노동요를 비롯하여 의식요, 유희요 중 특히 가창유희요
가 많이 전승되고 있다. 성읍마을 민요는 제주도의 여느 마을과 다
름없이 〈밧볼리는소리〉, 〈검질매는소리〉, 〈마당질소리〉, 〈그레그는
소리〉 등 노동요가 전승되고 있고, 〈염불소리〉, 〈어거리넘창〉, 〈행
상소리〉, 〈진토굿파는소리〉, 〈멀구소리〉 등 의식요가 전승되고 있
다. 가창유희요 중 〈오돌또기〉, 〈이야홍〉, 〈너녕나녕〉 등은 제주 전
역에서 전승되고 있는 반면, 〈산천초목〉, 〈봉지가〉, 〈용천검〉, 〈질
군악〉, 〈중타령〉 등 다른 마을에서는 전승되지 않는 희귀한 가창유
희요가 활발하게 다수 전승되고 있다.

　성읍민요는 1989년 12월 1일 노동요 〈그레그는소리(맷돌노래)〉
와 가창유희요 〈오돌또기〉, 〈산천초목〉, 〈봉지가〉 등이 제주민요를
대표하여 국가무형문화재 제95호 '제주민요'로 지정되었다. 당시
보유자는 조을선, 전수교육조교는 이선옥(李仙玉, 1914~2006)이 인
정되었다.

　산간마을인 성읍마을은 농지와 목초지를 일구면서 불렀던 〈따
비질소리〉, 〈새왓이기는소리〉 등이 전승되었다. 또한 주곡으로 보

리와 피농사를 많이 지었는데 '밭갈기-밭밟기-김매기-수확하기-곡식 장만하기' 등에 따른 다양한 밭농사노래가 형성되어 전승되고 있다. 성읍은 특히 여름에 강수량이 많은 지역으로 여성들은 잡초와의 고된 싸움을 벌여야 했기에 〈아웨기〉, 〈홍애기소리〉, 〈용천검〉, 〈상사디야〉 등 '검질매는소리'가 발달하였고, 풀도 다른 지역보다 훨씬 길게 자랐기 때문에 장낫으로 베어 내면서 부르는 〈촐비는소리〉가 전승된다.

또한 국마장 10소장이 위치하여 마소를 많이 키웠기 때문에 목축요가 많이 전승되었는데 밭농사에 마소를 부리면서 형성된 〈밧가는소리〉, 〈밧볼리는소리〉, 〈무쉬모는소리〉 등이 활발하게 전승되었다. 또, 마을에 거주하는 인구가 많아서 곡식 제분이 번다하게 이루어졌고 특히, 관아식구들의 생계를 잇기 위한 제분작업이 날마다 행해졌다. 〈마당질소리〉, 〈물ᄀᆞ렛돌끗어내리는소리(연자맷돌굴리는소리)〉, 〈방에짛는소리〉, 〈ᄀᆞ레ᄀᆞ는소리〉 등은 제분과정에서 누구나 부르는 노동요였다.

오늘날까지 마을사람들의 삶과 함께해 온 성읍마을 소리의 일부를 소개한다.

① 〈밧볼리는소리〉

제주는 화산회토여서 땅의 투수성이 강하고 푸석푸석해지기 쉽고, 바람과 강수량이 많아서 바람에 날아가거나 비에 씻겨 씨앗이

안착하기가 어려웠다. 그래서 곡식의 씨를 뿌리고 난 후 씨앗을 정
착시키기 위하여 마소를 이용하여 밭을 밟았는데 이것이 '밧볼리기
(밭밟기)'다. 마소를 이끄는 사람이 〈밧볼리는소리〉를 하면 뒤따르
는 다른 사람들은 말들이 이탈하지 않도록 경계하며 훗소리를 불렀
다. '밧볼리기'를 할 때 밭을 빙 돌면서 마소가 땅을 골고루 밟도록
이끄는 것이 중요한데, 소리가 그 역할을 담당했다.

〈밧볼리는소리〉
• 이미생(여, 1931)
• 2005. 3. 27.
• 채록: 양영자

어러러러 어러러~ 허 얼~럴럴

월월월월

오널 요밧볼리민 내일은~ 어느밧으로 가나볼까

오늘 이 밭 밟으면 내일은 어느 밭으로 가볼까

월~월월월월 월월월~ 후자

이밧 볼령 씨뿌려 놔두건~

이 밭 밟아 씨 뿌려 놔두거든

남뎅이랑 나건~ 구렁대ᄀ찌 나곡~

대가 나거든   구릿대 같이 나고

월~월월~ 월월 월월월~ 후라

고고리랑 나건 막개만썩~

이삭이 나거든 (짚을 두드리는) 방망이만큼

누물이랑 들걸랑 무쉐ᄋ름 욜라

나물이랑 들거든 무쇠열매 열어라

월~월월 월월월~월 월

〈밧불리는소리〉는 밭밟기의 실태, 밭을 밟고 난 후의 날씨를 예측하거나 비가 오지 않도록 비는 내용, 마소에게 부지런히 밭을 밟으라고 독려하는 내용, 밭 밟기 후 곡식이 잘 되기를 축원하는 내용 등으로 되어 있다. 밧불리기의 실태도 나타나지만, 주로 사람과 마소간의 교감과 노동의 진행을 수월하게 하기 위한 대화로 이루어져 있다.

② 〈홍애기소리〉

한여름 뙤약볕 아래에서 김매기는 고통스런 중노동인데, 이때 불린 노래가 〈검질매는소리〉이다. 제주도 '밭매는소리'인 '검질매는소리'는 지형이나 토질, 계절 등에 따라 노래의 종류가 다양한데, 마을마다 다양하게 전승되고 있다. '검질매는소리'인 〈사데소리〉는 제주도 전역에서 불렸는데 장단의 길이에 따라서 〈진사데〉, 〈중간사데〉, 〈쯔른사데〉가 있고, 추임새가 있는 〈추침사데〉, 일이 마무리되어 갈 때 부르는 〈막바지사데〉 등이 있다. 이 외에도 〈더럼소리〉, 〈아웨기〉, 〈홍애기소리〉, 〈상사소리〉 등 다양한 '검질매는소리'가 전승되었다. 반농반어의 바닷가마을에서는 단순하고 경쾌한 〈사데소리〉가 주로 불렸고, 중산간이나 산간마을에서는 밭매기가 훨씬 고되고 힘들었으므로 길고 유장하게 불리는 〈진사데〉, 〈홍애기소리〉, 〈아웨기〉 등이 전해지고 있다.

제주 동부지역인 성산, 구좌, 표선 등지의 경우, 해안마을 일부에서 〈사데소리〉가 불리는 지역도 있으나 주로 〈아웨기〉, 〈홍애기소리〉를 불렀다. 성읍마을에서는 주로 〈아웨기〉와 〈홍애기소리〉를 불렀고, 〈용천검〉, 〈상사소리〉 등을 부르기도 했다. 성읍마을은 여름에 강수량이 많은 지역이어서 잡초가 빨리 무성해지는 까닭에 네벌매기를 해야 할 정도로 밭매기의 강도가 셌다. 일손이 부족한 경우 남성들도 김매기에 참여했으므로 여성노동요이긴 하지만 남성들도 부를 줄 아는 사람이 꽤 많다.

> 〈홍애기소리1〉[42]
> • A(선소리): 조을선(여, 1915)
>   B(훗소리): 여럿
> • 1989. 5. 26.

A 허야디야 헹 ~ 헤이에 ~ 에이에 ~ 어으어 ~ 에 산이로구낭~

B 음 ~ 야헤 ~ 허으기야 ~ 홍~

A 요 소리는 헤엥 ~ 헤이에~ 어드레~들어가는 소링~

   이 소리는   어디로 들어가는 소리

B 음 ~ 야헤 ~ 허으기야 ~ 홍~

A 산전밧듸 헤~ 헤이에 ~ 에에에~ 남따비 들어가는 소링~

   산전(山田)밭에   나무따비 들어가는 소리

---

42 문화방송 라디오국 편, 『(MBC) 한국 민요 대전: 제주도 민요 해설집』, 문화방송 라디오국, 1992, 133쪽.

B   음 ~ 야헤 ~ 허으기야 ~ 홍~

A   저벙에야 허엉 ~ 어으어 ~ 어으어~ 일어나나랑~

     저 덩어리야   일어나라

B   음 ~ 야헤 ~ 허으기야 ~ 홍~

A   방석만썩 허엉 ~ 어으어~ 어으어 ~ 잘도 일어나는구낭~

     방석만큼씩   잘도 일어나는구나

B   음 ~ 야헤 ~ 허으기야 ~ 홍~

A   떡빗ᄀ찌 헤엥 ~ 헤이에 ~ 오골오골~ 잘도 일어나는구낭~

     떡빗[43]같이   오골오골[44] 잘도 일어나는구나

B   음 ~ 야헤 ~ 허으기야 ~ 홍~

A   서말지기 헤엥~ 헤이에 ~ 논두렁~ 반돌만큼 남아간당~

     서말지기   논두렁 반달만큼 남아간다

B   음 ~ 야헤 ~ 허으기야 ~ 홍~

A   우리 접군 호옹 ~ 호으오 ~ 욜로요레 모다나둡성~

     우리 일꾼   이리로 이렇게 모여들 드십시오

B   음 ~ 야헤 ~ 허으기야 ~ 홍~

A   칠성ᄀ찌 헤엥~ 헤이에~에이에~ 벌어진 우리 접군

     북두칠성같이   벌어진 우리 일꾼

B   음 ~ 야헤 ~ 허으기야 ~ 홍~

A   다물가찌 헤엥 헤이에~에이에~ 다 모돠집서

     빽빽하게 모여 있는 별자리같이 모여드십시오

---

43   떡을 잘라 놓는 것
44   가볍게 일어나거나 솟아오르는 모양

B 음 ~ 야헤 ~ 허으기야 ~ 홍~

A 일락서산 허으어~은 해는지고~ 호으오~ 월출동경 달솟아온당~

B 음 ~ 야헤 ~ 허으기야 ~ 홍~

A 해는지고 호옹~ 호으오~ 호으오~ 저문날에~에이에~웬수인 비
   가온다

B 음 ~ 야헤 ~ 허으기야 ~ 홍~

<홍애기소리2>
• A(선소리): 강문희(여,1974)
  B(홋소리): 강성자(여, 1950), 송심자(여, 1951), 김영순(여, 1951),
           김인자(여, 1953), 김화자(여, 1949), 오복자(여, 1947),
           이정신(여, 1962), 장춘자(여, 1964), 현춘옥(여, 1953)
  C: 송심자(여, 1951)
• 2018. 5. 16.
• 채록: 양영자

A 허야디야 홍~ 허어~어어~ 어어어~어으어~ 산이로구낭~

B 음- 이야허~ 어~기야~홍~

A 요소리는 허~ 허어~어어~ 어드레~ 들어가는소리~
   이 소리는   어디로   들어가는 소리

B 음- 이야허~ 어~기야~홍~

A 산전밧듸 헝~ 허어~어어어~ 어어~어으어~ 남따비 들어가는소리~
   산전밭에   나무따비 들어가는 소리

B 음- 이야허~ 어~기야~홍~

A 요벙에야 홍~ 허어~어으어~ 오골오골~ 일어나나랑~
   요 덩어리야 홍   일어나라

B 음- 이야허~ 어~기야~홍~

A 떡빗ᄀ찌 헹~ 허어~어어~ 어어~ 어어~ 잘도일어나는구낭~

　　떡빗같이 　　　　　　　　　　　잘도 일어나는구나

(C 양, 보리밧디 진쿨덜 잘 뽑아줍서 양.)

　　보리밭에 진쿨[45]들 잘 뽑아주십시오

B 음- 이야허~ 어~기야~홍~

A 반돌만이 헤~ 허어~ 어어~어어~ 남아나간다~

　　반달만큼~ 　　　　　　　　　남아나간다

B 음- 이야허~ 어~기야~홍~

A 칠성ᄀ찌 헹~ 허어~ 어어~어어~ 벌어진 우리네 접군~

　　북두칠성같이 　　　　　　　　우리네 일꾼

B 음- 이야허~ 어~기야~홍~

A 다몰ᄀ찌 힝~ 허어~어~ 어어~어어~ 모다나듭서

　　별같이 　　　　　　　　　　　모여들 드십시오

B 음- 이야허~ 어~기야~홍~

A 일락서산 허~ 허어~어~ 해는지고~오~ 월출동경 달솟아온당~

B 음- 이야허~ 어~기야~홍~

(C 오널랑 그만저만 맵주.)

　　오늘은 그만저만 맵시다

　　〈홍애기소리〉는 가락이 길고 유장하며 선율이 고혹적이고 아름답다. 앞 사설과 뒤 사설을 이어주는 중간 부분에 굴리는 소리가 길게 구연되는 점이 매우 독특하다. 20여 명 이상의 수눌음집단이 부

---

45 잡초의 일종, 별꽃

를 때는 웅장한 울림을 만들어 낸다. 이 사설은 잡초가 잘 뽑히기를 바라는 염원과 일의 진척상황을 노래하는 사설로 되어 있으나 이외에도 검질매기의 고통, 신세한탄, 인생의 괴로움과 고단함, 인생무상 같은 여성들의 정서가 풍부하게 표출되어 나타난다.

〈홍애기소리^{검질매는홍애기}〉는 옛 정의현 중에서도 성산읍 일부 지역과 표선면, 남원읍, 서귀포시 서호리와 호근리를 경계로 동쪽 일대에서 불렸다. 여러 '검질매는소리' 중 하나인데 끝부분이 '어기야 호옹~' 하면서 길게 뺀다고 해서 〈홍애기소리〉라고 한다. 꼴 베면서 부른 〈촐비는소리〉를 가리켜 〈홍애기소리〉라고도 하는데 이 둘을 구별하여 〈검질매는홍애기〉, 〈촐비는홍애기〉라고 한다.

〈홍애기소리〉는 30년의 시간이 흘렀음에도 사설이나 가락의 변이 또는 변용이 거의 일어나지 않았다. 이는 노동현장을 잃은 노동요가 공연을 통해 전승활동을 이어가고 있다는 점과 관련이 있다.

③ 〈촐비는소리〉

성읍은 조선시대 국영 목마장인 10소장이 있었기 때문에 마소의 육성이 활발했고 마소에게 먹일 꼴을 베면서 부르는 〈촐비는소리〉가 발달하였다. 제주에서는 마소를 한라산 자락에 방목했다가 겨울철에는 외양간으로 들여와 관리했다. 하늬바람이 불기 시작하면 꼴을 베어다가 마당에 낟가리를 만들어 쌓아 두었다가 겨우내 마소를 먹였다. 농사일에 부릴 마소를 갖고 있는 집에서는 농작물을 키우는 경작지 말고도 마소의 식량을 가꾸는 '촐왓(꼴밭)'이 따로 있었다. 가을철 꼴베기는 제주도의 주요 세시풍속의 하나였다. 제주 동부지역에서는 사람 키를 능가하는 장낫을 이용하여 꼴을 베었는 데 그 노동이 매우 고되고 힘들었다. 꼴을 베면서 부른 〈촐비는소 리〉를 〈촐비는홍애기〉라고도 하며 꼴을 베어서 밭에 널어놓고 소 들소들하게 말린 후 묶어서 달구지에 실어 올 때 부르는 노래를 〈무 쉬모는소리〉라고 한다.

〈촐비는소리〉[46]
• A: 송순원(남, 1937), B: 조인수(남, 1946)
• 2007. 12.
• 채록: 좌혜경

A 어야뒤야 오호오 산이두어나 오널오널 에헤이 오널이여 에헤~

　　내일 당숙 오널이로구나

　　　　　　　　　산이두어나　　오늘오늘　　　　오늘이여

　　내일 당숙 오늘이로구나

B 간다더니 왜 또 왔나 오호오~ 울고 갈 길은 왜 또 왔나

　　　　　　왜 또 왔나　　　　　　　　왜 또 왔나

A 이팔청춘 소년들아 에헤에~ 백발보고 희롱을 마라

B 청천하늘엔 잔별도나 많구나 산아로구나

　　　　　　　　산 안(한라산 안쪽)이로구나

A 본데늙어 백발이냐 소년늙은 백발이로구나

46　좌혜경·양영자, 「표선면 성읍리 소리꾼 이력조사」, 제주도, 2007. 12.

B 얼굴곱다 주리지마라 높은낭에 열매로구나

　　　　　　　높은 나무에 열매로구나

A 앞멍에야 허어어 들어나오라 허허허~ 뒷멍에야 허어어 나고나가

　　라 허어어

　　앞 밭머리야　　　　　　　　　　뒤 밭머리야　　　멀어나지라

B 얼굴궂엉 내무리지마라 떨어지는 촛물이로구나

　　얼굴 궂어 나무라지 마라　　　　촛물이로구나

A 촐단이랑 줌지롱ᄒᆞ게 비여나도라 산아니로구나

　　꼴단이랑 자잘하게　　베어나 달라　산 안이로구나

B 간다더니 왜 또왓나 오호오~ 울고갈길 왜 또 왓나

A 일락서산 해는지고 촐비는 날이로구나

　　　　　　　　　꼴베는 날이로구나

B 건들건들 동남풍이 오호오~ 불어나오는구나

　　선들선들 동남풍이　　　　불어 나오는 구나

A 칠성ᄀᆞ찌 벌어진 적군 다물ᄀᆞ찌 다 몰아듭서

　　북두칠성같이 벌어진 접군(일꾼) 별같이 말아 드십시오

B 앞멍에야 들어나오라 뒷멍에야 나고나가자

　　앞 밭머리야　　　　뒤 밭머리야 멀어나 지라

A 간다더니 왜 또왔나 에헤에~ 울고갈길 왜 또왔나

④ 〈도깨질소리〉

보리나 콩·팥 등을 거두어들여 밭구석이나 마당에서 '도깨(도리
깨)'를 이용하여 타작하면서 부른 노래로 〈마당질소리〉라고도 한

다. 여럿이 양쪽으로 나누어 서서 도리깨로 곡식을 내려치는데 두 박자의 고정된 박에 맞춰 다리를 들어 올렸다 내렸다 하며 경쾌한 리듬으로 노래한다. 후렴구는 '어기야 홍', '어야도 홍'이다. 대체로 선후창방식으로 노동상황을 노래하지만 홍이 무르익으면 너도 나도 각자 자신이 자기의 사설을 노래하는 '바꿔부르기', '각자부르기' 방식으로 연행방식이 바뀐다. '각자부르기' 할 때 집단신명이 가장 고조되고 노래의 홍도 배가 된다.

〈도깨질소리〉
• A: 이창순(여, 1936), B: 이미생(여, 1931)
• 2005. 3. 27.
• 채록: 양영자

A 어야홍아

　　어야홍아

　　허당말민

　　하다가 말면

　　어야홍아

　　놈이나 웃나

　　남이나 웃는다

　　허야홍아

　　지쳣고나

　　지쳤구나

　　허야홍아

　　다쳣고나

　　다쳤구나

어야홍아

보리떡에

어야홍아

쉬미첫고나

어야홍아

나앞이 동산

내 앞이 동산

허야홍

때려나보소

때려나 봅시다

어야홍아

B 어야도하야

에요하아

에요하야

헤요하니

헤요~라고 하니

어야홍아

때리고때리자

(곡식을) 때리고 때리자

어야홍아

혼무루랑

한 마루랑[47]

어야홍아

---

47 곡식이 수북이 쌓여 있는 모습을 마루(동산)에 비유

높이나놓고

높이 놓고

어야홍아

훈모루랑

한 마루랑

어야홍아

늦이나 놓고

낮게 놓고

어야홍아

하야도하야

어야홍아

허야하야

어야홍아

잘도나헌다

잘도나 하는구나

어야홍아

헤야도 홍

어야홍아

A 하영먹젠

많이 먹으려고

어야홍아

산전에 올라

산전밭에 오르니

어야홍아

몰릿줄에

말 잇는 줄

어야홍아

허야도홍아

어야홍아

헤야하야

어야홍아

허야하니

어야홍아

보리태작

보리타작

어야홍아

B ᄒᆞᆫ번만 더올령

한번만 더 올려

어야홍아

허야도 홍

어야홍아

요곡석을

이 곡식을

어야도홍아

골아근에

갈아서

어야홍아

어느누게

어느 누구를

어야홍

멕영살리코

먹여 살릴 건가

어야홍아

[하략]

〈도깨질소리〉

⑤ 〈방에짛는소리〉

남방에에 곡식을 넣고 찧으면서 부른 노래이다. 두세 사람 또는
다섯 사람 이상이 '방엣귀(방앗공이)'를 잡고 〈방에짛는소리〉에 박
자를 맞추면서 곡식을 찧어 나간다. 이 노래는 심방이 굿을 할 때
치는 연물^{굿구}의 박과 유사하며 매우 빠르게 부른다. 방아찧기의 박

자가 빨라지면 노래의 박자도 빨라지고 노래의 박자가 느려지면 방아찧기의 박자도 느려진다. 〈방에짛는소리〉는 〈ᄀ레ᄀ는소리〉와 넘나듦이 강하여 사설이 유사하고, 렴(斂)[48]도 〈ᄀ레ᄀ는소리〉와 동일하게 '이여이여 이여도ᄒ라'로 구연된다. '이여이여 이여도ᄒ라'는 연행상황에 따라 렴의 기능을 하지만 일정한 위치에서만 나타나는 것은 아니다. 소리꾼이 사설이음을 매ᄁ럽게 하고자 할 때나 생각을 정리하고 나아갈 때, 또는 휴지의 기능을 할 때도 등장한다. '이여이여 이여도ᄒ라'를 기점으로 사설엮음이나 소리의 주도권이 바뀌기도 하고 선소리꾼과 훗소리꾼이 바뀌기도 한다.

〈방에짛는소리〉
• 현순옥(여, 1935), 이창순(여, 1936), 이미생(여, 1931),
  조일수(여, 1932)
• 2005. 3. 27.
• 채록: 양영자

이여이여

이여도ᄒ라

굴묵이낭도

느티나무도

방에로구나

방아로구나

---

48 렴은 노래의 앞, 중간, 뒤에 위치하는데 이에 따라 전렴, 중렴, 후렴이 있다. 대체로 후렴이 가장 많이 사용되는데, 이는 선후창의 방식에 주로 나타난다.

이여이여

이여도후라

가시오름

가시리에 있는 오름

강당장집의

강당장[49] 집에

이여이여

이여도후라

다숫형제

다섯 형제

강당장집의

이여이여

이여도후라

세쿨방에

새글럼져

사이가 어긋나는구나[50]

이여이여

이여도후라

전생궂인

전생 궂은

---

49 서귀포시 표선면 가시리에 살았다는 대부호로, 지나친 물욕 탓으로 풍수에 밝은 스님을 박대했다가 온갖 이변이 일어나서 삽시간에 망하게 되었다는 전설의 주인공

50 방아찧기에서 방아와 방아의 박자가 어긋나 서로 부딪힌다는 뜻

이내몸가난

이 내 몸 가니

다섯쿨[51]도 새맞아간다

　　　사이가 맞아간다[52]

이여이여

이여도후라

두리손당[53]

큰아기덜은

큰아기들은[54]

이여이여

이여도후라

피방에찧기가

피 방아찧기가

일수로다

일수로다

이여이여

이여도후라

우리동네

어멍덜은

어머니(여자)들은

---

51 다섯 사람이 둘러서서 서로 절굿공이가 부딪치지 않게 간격을 맞추어 찧는 방아

52 자신의 역할 덕분에 다섯쿨 방에찧기도 조화롭게 잘 된다는 뜻

53 지명(地名). 피 농사를 많이 지었음. 두리: 교래(조천읍), 손당: 송당(구좌읍)

54 여자아이들을 뜻함

이여이여

이여도후라

풋감방에도

풋감 방아[55]

잘뿌사졈저

잘 빻아지는구나

이여이여

이여도후라

ᄀ랑좁쌀

자잘한 좁쌀

늬엇이먹엉

뉘 없이 먹고

이여이여

이여도후라

다섯콜도

다맞아간다

이여이여

이여도후라

다슴어멍

계모(밑에서)

---

55 제주에서는 여름에 덜익은 풋감을 따서 방아에 찧어 옷에 감물을 들여 일상복
이나 노동복으로 입었는데, 그 옷을 '갈옷'이라고 한다.

말읏이살라

말 없이 살라

이여이여

이여도ᄒ라

전생좋은

이내몸은

이여이여

이여도ᄒ라

대성전에

대들보매연

대들보 매어서

이여이여

이여도ᄒ라

일천선비

많은 선비

절마탐서라

절 맡고 있더라[56]

⑥ 〈달구소리〉

〈달구소리〉는 '달구'라는 나무로 터를 다지면서 부르는 노래이다.
성읍마을에서는 대개 안거리(안채) 3칸, 밖거리(바깥채) 2칸의 초집
(초가)을 지어 생활하였으며 외양간 등으로 사용하는 목커리집[57]을

---

56 좋은 운명을 타고 난 나무는 대성전의 대들보가 되니 선비들의 절을 받는다는 뜻
57 올레 쪽에 지은 곁채

짓기도 했다. 초집을 지을 때는 온 마을사람들이 모여들어 공동작업을 하였는데, 이때 부른 〈터다지는소리〉, 〈훅이기는소리(흙이기는소리)〉, 〈훅ㅂ르는소리(흙바르는소리)〉 등이 전승되고 있다.

　장사를 치를 때 봉분을 다지며 부르는 노래도 〈달구소리〉라 한다. 성읍마을에서는 집터를 다지는 〈달구소리〉와 구별하여 봉분을 다지면서 부르는 소리를 〈멀구소리〉라고 한다. 이승의 집을 짓고 터를 다지는 행위와 천년만년 살 저승의 집을 짓고 터를 다지는 행위는 목적이나 의도에서 공통점을 지닌다. 성읍마을에서는 사람이 살 집터를 다질 때는 토신을 위로하는 기능도 있어 〈터다지는소리〉 또는 〈양택달구질소리〉라고 하고, 봉분을 쌓으면서 부른 소리는 〈음택달구질소리〉라 한다. 봉분을 다질 때는 개판 위에 흙을 놓고 잘 다져야 개판이 썩어도 시신이 다른 곳으로 흘러 내려가지 않는다고 하여 긴 달굿대로 무덤을 아주 단단하게 다진다. 행위와 의미의 공통점은 가락과 사설의 넘나듦을 유연성 있게 만들었다.

〈터다지는소리〉
• 송순원(남, 1937)
• 2007. 12. 8.
• 채록: 양영자

어허어 멀고

어허어 멀고냐

어허어 멀고냐

삼세번을 들고도노냐

삼세번을 들고도 내려놓는가

어허어 멀고(냐)

요집굽이 다지고가는

요 집터 다지고 가는

어허어 멀고(냐)

요집짓엉 삼년만에

이 집 지어 삼 년 만에

어허어 멀고(냐)

아들나면 효자로다

아들 태어나면 효자로다

어허어 멀고(냐)

딸은나면 열녀로다

딸은 태어나면 열녀로다

어허어 멀고(냐)

개는나면 사농캐여

개는 태어나면 사냥개여

어허어 멀고(냐)

소는나면 황솔러라

소는 태어나면 황소로구나

어허어 멀고(냐)

돗은나면 지름돗뒈고

돼지는 태어나면 기름돼지[58] 되고

어허어 멀고(냐)

---

58 살찐 돼지

말은나면 천리마여

말은 태어나면 천리마여

어허어 멀고냐

[하략]

⑦ 〈흑이기는소리〉

〈흑이기는소리〉는 소를 이용하여 흙굿을 밟으면서 부른 노래로
〈흑굿불리는소리(흙굿밟는소리)〉, 〈흑뀌는소리(흙개는소리)〉라고도
한다. '흑굿(흙굿)'은 마당을 1m 정도 파고 들어가서 보릿짚이나,
나록짚(볏짚), 메밀짚 등의 '수세미'[59]를 넣고 물을 넣어 밟는 판이
다. 마당에서 파낸 흙에 물과 짚을 넣어 소를 이용하여 흙굿을 밟은
다음, 소를 밖으로 내몬 후 흙을 뒤집어 다시 밟았다. 흙이 어느 정
도 잘 이겨지면 산태[60]를 이용하여 흙을 날라다 벽에 바른다. 지붕
천장에 바를 물기 있는 흙을 '서슬(발비)'[61] 위로 올려 바른 후 억새
를 덮고 다시 새(띠)로 지붕을 이어 집을 완성했다.

초가집은 주로 봄이나 가을에 지었는데 보통 3칸 집짓기에
100여 명의 인원이 필요했다. 집단협업으로 일시에 이루어지는 만

---

59 들에 흙이 잘 달라붙도록 하기 위해 넣는 짚 등의 재료

60 긴 나무 두 개 사이에 가운데만 가로장을 띄엄띄엄 박아 가마처럼 앞뒤로 들게
만든 들 것

61 지붕을 이기 위해 서까래 위에 가로로 걸치는 나뭇가지

큼 마을 구성원은 물론 이웃마을 사람들까지 동원되기도 했다. 남자들은 마당의 흙을 파서 나르는 일을 하고 30명 정도의 여성들은 허벅으로 물을 길어 날라 물부조를 하였다. 많은 사람들이 와서 수눌음으로 노동력을 제공하더라도 부잣집에서 안팎거리(안채와 바깥채)를 지을 때는 인력이 부족하여 다른 동네에 가서 사람들을 빌려오거나 수눌음을 하기도 하였다.

〈흑굿이기는소리〉는 다섯 마리 정도의 소를 이용해서 앞에서 소를 이끄는 사람과 뒤를 따르면서 흙굿을 밟으며 불렀는데, 흙굿 밟는 사람들이 서로 사설을 주고받으며 선후창이나 교환창 방식으로 부른다. 소를 부리면서 부르기 때문에 〈밧볼리는소리〉와 비슷하나 가락이 좀 더 느리다.

> **〈흑굿이기는소리〉**[62]
> • 송순원(남, 1937)
> • 2007. 12.
> • 채록: 좌혜경

어허어허이 어러러러~

어러러러 허어야 오호오호 월월~후자

벵벵돌멍 꼰꼰 볼리라 요쉐덜아 오호오오

벵벵 돌며 꼭꼭 밟아라 요 소들아

혼져볼려뒹 나가사 송애기 젖도 멕이고 잠깐 쉴 처리여

---

62 좌혜경·양영자, 「표선면 성읍리 소리꾼 이력조사」, 제주도, 2007. 12.

어서 빨리 밟고 나서 나가야 송아지 젖도 먹이고 잠깐 쉴 때여

어러러러 오호오호 월월~후자

초불 다볼렷거든 훅 뒈쓰는 사름덜 훅 뒈쓰렝 후라

애벌 다 밟았거든 흙 뒤집는 사람들 흙 뒤집으라고 하라

오호오호야돌~ 에헤엥에 월월~후자

훅다뒈쌋걸랑 저쉐덜 다 디물리라

흙 다 뒤집었더든 저 소들 다 들여놓아라

오호야돌~ 에헤에 에헤에 월월~

쉐 다디려물렷거든 두불 볼려걸라

소 다 들여 놓았거든 두 벌 밟아 걸어라

오호야돌~ 오호옹 월월~ 월월~후자

훅 다볼렷거들랑 저쉐덜랑

흙 다 밟았거든 저 소들랑

영주산더레 내몰아뒁 들어오라

영주산으로 내몰아두고 들어오라

오호야돌~ 이헤엥헤어 월월~후자

훅 다볼렸거든 훅터는사름덜 들어상 재게 훅털렝후라

흙 다 밟았거든 흙 터는 사람들 들어서서 빨리 흙 털라고 하라

오호오 오호오~ 월월후자

훅 다털어놓앗거든 자개덜 훅 볼르렝후라

흙 다 털어놓았거든 빨리들 흙 밟으라고 하라

[하략]

⑧〈혹부르는소리〉

〈혹부르는소리(흙바르는소리)〉는 초집의 벽에 바를 흙을 마당에서 직접 파서 보릿짚, 나록짚(볏짚), 메밀짚 등의 '수세미'를 넣고 수세미가 보이지 않을 정도로 잘 이긴 다음 그 흙을 쇠스랑으로 산태(삼태기)에 떠 놓으면 그것을 날라다 벽을 바르면서 부른 소리이다. 사설은 새집에서의 평안을 기원하고 가족들 간의 화목을 염원하는 내용으로 되어 있다.

초집의 벽을 바르는 노동과정에서 흙 바르는 일, 벽에 붙이는 뒈기(외)[63]를 잡아서 고정하는 일, 삽으로 흙을 뜨는 일 등 저마다 역할분담을 하였다. 선소리꾼은 일을 하지 않고 노래로 신명을 돋우는 역할을 하였다.

〈혹부르는소리〉[64]
• 송순원(남, 1937)
• 2007. 12.
• 채록: 좌혜경

우럭삼촌 들어봅서 어허어 어허어

우럭삼촌 들어보십시오

볼락조캐 골으라든저

---

63 흙벽을 바르기 위하여 벽 속에 엮은 나뭇가지. 댓가지, 수수깡, 싸리잡목 따위를 가로세로로 얽은 것을 이르는 것

64 좌혜경·양영자,「표선면 성읍리 소리꾼 이력조사」, 제주도, 2007. 12.

볼락조카야 말하라 들을테니

오홍옹호 어허어기여 오호오오 두러매자

              둘러메자

간밤에 꿈을보니 에헤에 쒜공쟁이에 걸려뵈고

          쒜공젱이[65] 걸려 보이고

오호옹호 어허기여 어허 오호오오 어허기 두러매자

대구덕에 놓아뵈고 어허기여 돔베위에 앉아뵈고

대구덕에 놓아 보이고   도마 위에 앉아 보이고

어허어허 허기여 어허기 두러매자

칼맛도 보아뵈고 어허어 어기

칼맛도 보아 보이고

젯상위에 앉아뵈고 오호옹 오호어기여

제사상 위에 앉아 보이고

어허어 어허기 두러매여

절삼베도 받아뵈고 술석잔도 받아보니

절 삼배도 받아 보이고 술 석 잔도 받아 보이니

어허어기여 두러매야 늬껍이랑 물지맙서

       둘러메어   미끼랑 물지 마십시오

삼촌님이 하는말씀 오호옹 오호어기여

어허어 어허기 두러매야

일락서산 해는지고 어허어 어허어

월출동방 달이뜬다 어허엉 어허어어기여

---

65 무엇을 걸기 위하여 벽이나 기둥 같은 데 박아 놓은 쇠 못

허어어 어허어 어기두러매자

처남처남 내처남아 오호오

자네누님 뭘하든고 어허엉 어허어기여 어허어

자네 누님은 무엇을 하던가

어허어 어허기여 두러매자

연지찍고 화장하고 어어 매형님후길 고대하오

연지 찍고 화장하고 　　　매형 형님 하기를 고대합니다

어허어 어기여 어허어 어허어 두러매야

⑨ '영장소리'

성읍마을에서는 상례에서 〈염불소리〉, 〈어거리넝창〉, 〈행상소
리〉, 〈진토굿파는소리〉, 〈달구소리〉를 불렀다. 이들을 총칭하여
'영장소리'라고 한다. 성읍마을에서는 상여를 매고 운상할 때 〈염
불소리〉, 〈어거리넝창〉, 〈행상소리〉를 부른다. 〈염불소리〉는 조축
을 고한 후 상뒤꾼(상두꾼)들이 상여를 둘러매면 부르기 시작한다.
사설 없이 '어어어~ 어어어 오오오~~익-' 하는 소리를 가름[66]을
벗어날 때까지 부르는데 상여의 종소리가 울리지 않을 정도로 조심
스러우며 느리게 가름 안에서만 부른다. 상여가 가름을 벗어나면
〈어거리넝창〉과 〈행상소리〉를 부른다. 장지는 대개 영주산인데, 이
처럼 가름과 인접하여 가까운 거리까지 상여를 운상할 때는 〈행상

---

66 한 마을 안에서 작은 단위로 구분한 동네, 한 마을 안에서 사람들이 많이 모여
사는 구역

소리〉를 부른다. 〈행상소리〉는 신나고 경쾌해서 이 소리를 시작하면 상뒤꾼들이 춤추며 놀려고 하기 때문에 가름 밖에서부터 장지까지 운상하면서 부른다. 장지가 좌보미오름과 같이 먼 거리일 때에는 상여를 4번 정도 쉬어가야 했는데, 이때는 〈어거리넝창〉을 느리게 부르며 가다가 장지가 가까워지면 빠르고 흥겨운 〈행상소리〉를 부른다. 상여가 장지에 도착하면 봉분에 쌓을 흙을 파는데, 이때 〈질토소리〉를 부른다. 봉분을 다 쌓고 나서 봉분의 흙이 비에 흘러내리지 않도록 복친과 동네사람들이 무덤 위에 올라가 흙을 밟으면서 〈멀구소리〉를 부른다.

〈행상소리〉
• A(선소리): 송순원(남, 1937),
  B(훗소리): 이미생(여, 1931), 이창순(여, 1936)
• 2007. 12. 8.
• 채록: 양영자

아항허어야 어허이요로 나헝허어야 머리로다

아헹허어야 어허이요로 나헝허어야 머리로다

가세가세 어서가세 이산을 건너서 병로가세

아헹허어야 어허이요로 나헝허어야 머리로다

황천길이 멀다하데 대문밖에 황천이로다

아헹허어야 어허이요로 나헝허어야 머리로다

어머님전 몸을빌고 아버님전 뻬를빌어

                    뼈를 빌어

아헹허어야 어허이요로 나헝허어야 머리로다

조상님전 피를빌고 이세상에 탄생하여

아헹허어야 어허이요로 나헝허어야 머리로다

오널날로 정명인줄 어느누가 알았던고

오늘날로

아헹허어야 어허이요로 나헝허어야 머리로다

공수레다 공수건데 빈손빈몸 나왔다가

아헹허어야 어허이요로 나헝허어야 머리로다

빈손빈몸 돌아갈때 사자항상 동행되어

아헹허어야 어허이요로 나헝허어야 머리로다

배고픈덴 밥을주고 목마른덴 물을주고

아헹허어야 어허이요로 나헝허어야 머리로다

신발이나 고쳐신고 장깐이나도 쉬고나가세

아헹허어야 어허이요로 나헝허어야 머리로다

　　성읍마을에는 농사일소리와 상례요 등 마을사람들의 삶에 기반한 전통성을 가진 노래들이 전승되고 있다. 정의현의 행정·교육·문화 중심지였기 때문에 많은 인구가 거주하였으므로 생업의 다양성만큼 생활을 영위하는 데 필요한 노래들도 다양하게 존재하였다. 수많은 밭농사노래들과 식생활과 주생활, 의생활에 관련된 노래들, 목축과 관련된 노래들, 삶을 지속하는 가운데 형성된 세시풍속과 각종 의례들에 관련된 노래들도 숱하게 전승되었다.

III

제주민요의
사설과
연행양상

국가무형문화재 제95호 제주민요는 현재 제주민요보존회를 중심으로 전승되고 있다. 노동요 〈ᄀ레ᄀ는소리〉와 가창유희요 〈산천초목〉, 〈봉지가〉, 〈오돌또기〉 등이 주요 노래이다. 〈ᄀ레ᄀ는소리〉는 생계유지를 위한 일상노동활동에서 불리던 노래이고, 가창유희요 세 곡은 정의현청을 비롯한 관아와 민간에서 널리 전승된 노래로 알려져 있다.

1. 〈ᄀ레ᄀ는소리〉

1) 구연과 연행양상

제주사람들은 조, 보리, 피, 메밀 등 밭농사에 의지하여 생계를 유지했다. 자급자족하는 전통사회에서 곡식을 찧고, 빻고, 쓿고, 가는 작업은 여성들에게는 일상적인 일이었다. 수확한 곡식은 물방에 _{물ᄀ레}(연자매)에서 껍질을 벗기고 방아로 찧은 후, 맷돌로 간 후에야 밥을 지을 수 있는 상태가 되었기 때문이다.

'ᄀ레'는 맷돌의 제주어로 다공질 현무암으로 만들어졌다. 보리, 조, 피, 메밀 등을 으깨거나 가루를 만드는 데 사용했던 여성들의 필수 생활도구였다. 제주에서는 집집마다 일의 필요나 규모에 맞춰 골라 쓸 수 있도록 다양한 종류의 ᄀ레를 마련하여 제분에 사용했다. 쌀이나 보리를 여물지 않은 상태로 갈 때는 '풀ᄀᆞ레'라는 맷돌을 사용하였다.

맷돌갈기는 가족의 생계와 직결되는 일이었으므로 계절과 밤낮을 가리지 않고 이루어지던 일거리이기도 했다. 이 노래는 여성들의 노동에서 불렸으므로 노래의 주체는 여성이다. 간혹 남성들이 집안에서 여성들이 부르는 소리를 일상적으로 접하거나 일을 거들면서 자연스럽게 학습한 결과로 〈ᄀᆞ레ᄀᆞ는소리〉를 부르는 경우도 있었다. 여성이라면 누구나 불렀던 덕분에 이 소리는 제주도 전역에 광범위하게 분포하게 되었다.

〈ᄀᆞ레ᄀᆞ는소리〉는 전반적으로 느리게 부르며, 강약의 편차가 크지 않다. 애절하면서도 애잔한 음색으로 차분하게 끝도 없이 다양한 사설을 토로한다. 다른 노동과 달리 ᄀᆞ레갈기는 집안에서 고요한 시간에 이루어진다. 혼자 또는 두세 명이 작업하는 경우가 많고 더욱이 바깥일을 마치고 돌아온 저녁시간이나 비 오는 날에 이루어졌기 때문에 개인적이면서 정관적(靜觀的)인 측면이 있다. 뙤약볕 아래의 수눌음검질이나 거친 바다에서 이루어지는 물질과 달리 시어머니와 며느리, 동서지간, 어머니와 딸 등 집안의 한두 여성이 함께 작업하였으므로 공감, 지지 속에 내면세계를 솔직히 드러낼 수 있었다. 더욱이 명절, 대소사에 쓰일 음식을 장만할 때는 며칠 동안 밤낮으로 ᄀᆞ렛일을 해야 했기 때문에 오랜 시간이 소요되었고 이때는 친인척이나 동네여성들이 함께 참여하면서 사설의 양이나 내용이 한층 더 풍부하고 다양해졌다.

현재는 생업에서 〈ᄀᆞ레ᄀᆞ는소리〉를 연행하는 모습을 찾아보기

어려운 상황이다. 이러한 까닭에 〈ᄀᆞ레ᄀᆞ는소리〉를 전승하는 보존회원들은 공연활동에서 맷돌 갈기를 실연하면서 전승의 맥을 이으려 노력하고 있다.

2) 사설과 내용

〈ᄀᆞ레ᄀᆞ는소리〉의 사설은 맷돌작업의 실태를 노래하는 사설과 생활전반의 감정이나 인식을 노래하는 사설로 구분할 수 있는데, 작업실태를 노래하는 사설보다 오히려 여성들의 생활정서, 고뇌와 번뇌를 노래하는 사설이 더 많은 편이다. 긴 시간 이어지는 맷돌작업에서 역할을 바꿔 가며 돌아가면서 노래하다 보면 자연스럽게 신세한탄부터 가난한 살림살이, 시집살이의 괴로움, 가족에 대한 사랑과 갈등, 사회현실에 대한 저항과 비판 등에 이르기까지 다양한 사설이 표출되기 마련이었다. 작업에 참여하는 집단의 구성과 특성, 연행상황 등에 따라 현실의 질서에 순응하기도 하고 한편으로는 저항하고 극복하려는 신념이 드러나기도 한다. 집단 내에서 여성이 주체가 되어 자신들의 생활과 감정을 스스럼없이 노래하기 때문에 〈ᄀᆞ레ᄀᆞ는소리〉의 사설은 진솔하고 적나라하다.

〈ᄀᆞ레ᄀᆞ는소리〉에는 제주사람들의 일상생활, 삶의 방식, 가족관계, 사회풍토, 의례와 신앙 등이 주요 제재가 되고, 노래의 사설에는 사람들의 삶의 태도와 사상이 응결되어 있다. 불필요한 어구의 반복이나 상투적 관용어의 나열을 배제하고 제주도의 환경과 자연에서 쉽게 접할 수 있는 자연물, 동식물, 어류 등 가시적이고 일상적인 사물에 구체적으로 비유함으로써 더욱 실감 있게 구사하고 있다.

〈ᄀ레ᄀ는소리1〉⁶⁷
- A: 이선옥(여,1913), B: 조을선(여,1915)
- 1989. 5. 16.

A 이연이여 이여동ᄒ라

   이여이여 이여도하라

B 이여ᄒ난 눈물이난다

   이여하니 나 눈물 난다

A 이여랜말 말아니ᄒ라

   이여라는 말하지 말라

B 말앙가민 ᄂ옴이나웃나

   그만 두고 가면 남이나 웃는다

A 말앙가민 ᄂ옴이나웃나

   하지 않고 가면 남이나 웃는다

B 어멍시민 옷반반입나

   어머니가 있으면 옷 반듯하게 입는다

A 모른질랑 모르뎅ᄒ멍

   모르는 길일랑 모른다고 하며

B 아방시민 신반반신나

   아버지가 있으면 신 반듯하게 신는다

A 아는질도 물으멍가라

   아는 길도 물으면서 가라

---

67 문화방송 라디오국 편, 『(MBC)한국 민요 대전: 제주도 민요 해설집』, 문화방송 라디오국, 1992, 138쪽.

B 다슴어멍 개년의뚤년

계모 개년의 딸년

A 가건가랜 보내여두엉

가려거든 가라고 보내어 두고서

B 나눈물로 나 반반이여

내 눈물로 내가 얼룩졌네

A 올만 후난 지두리더라

올만 하니 기다리더라

〈ᄀ레ᄀ는소리2〉
- A: 강문희(여, 1974)
  B: 송심자(여, 1951)
  C: 김영순(여, 1951), 김인자(여, 1953), 이정신(여, 1962),
    송심자(여, 1951), 오복자(여, 1947)
- 2018. 5. 16.
- 채록: 양영자

A 이여~ 이여~ 어어으~ 어~ 이여~동 후라

이여이여 이여도하라

C 이여~ 이여~ 어어~어(언)~ 이여~동 후라

B 이여 후난 어허으~ 어~ 눈물이 난다

이여하니   나 눈물 난다

C 이여~ 이여~ 어어~어(언)~ 이여~동 후라

A 이여 랜말 어어~ 어~ 말아니 후라

이여라는 말 하지   말았으면 한다

C 이여~ 이여~ 어어~어(언)~ 이여~동 후라

B 말앙 가민 어어~ 어~ 눔이나 웃나

    하지 말아서 가면   남이나 웃는다

C 이여~ 이여~ 어어~어(언)~ 이여~동 후라

A 모른 질랑 어어~ 어~ 모르덴 흥멍

    모르는 길일랑   모른다고 하며

C 이여~ 이여~ 어어~어(언)~ 이여~동 후라

B 어멍 시민 허어으~ 어~ 옷반반 입나

    어머니가 있으면   옷 반반하게 입는다

C 이여~ 이여~ 어어~어(언)~ 이여~동 후라

A 아는 질도 어어~ 어~ 물으멍 가라

    아는 길도   물으며 가라

C 이여~ 이여~ 어어~어(언)~ 이여~동 후라

B 아방 시민 이허으~ 허~ 신반반 신나

    아버지가 있으면   신 반반하게 신는다

C 이여~ 이여~ 어어~어(언)~ 이여~동 후라

A 가건 가랜 에어~ 어~ 보내여 두엉

    가려가든 가라고   보내어 두고서

C 이여~ 이여~ 어어~어(언)~ 이여~동 후라

B 나 눈물로 허어으~ 어~ 나 반반이여

    내 눈물로   내가 얼룩졌네

C 이여~ 이여~ 어어~어(언)~ 이여~동 후라

A ᄀ랑 좁쏠 어어~ 어~ 늬어시 먹엉

    자잘한 좁쌀   뉘 없이 먹고

C 이여~ 이여~ 어어~어(언)~ 이여~동 후라

B ᄀ렌 보난 허어으~ 허~ 지남석 ᄀ레

    맷돌은 보니   지남석 맷돌

C 이여~ 이여~ 어어~어(언)~ 이여~동 ᄒ라

A 옷앞 썹이 에에~ 어~ 전줄이 난다

    옷 앞섶이   모두 줄이 난다

C 이여~ 이여~ 어어~어(언)~ 이여~동 ᄒ라

B 요ᄀ렐 골앙 허어으~ 어~ 중석이나 ᄒ자

    이 맷돌 갈아   점심이나 하자

C 이여~ 이여~ 어어~어(언)~ 이여~동 ᄒ라

A ᄀ렌 보난 어어~ 어~ 지남석 ᄀ레

    맷돌은 보니   지남석 맷돌

C 이여~ 이여~ 어어~어(언)~ 이여~동 ᄒ라

B 우리 어멍 허어으~ 어~ 날날 적에

    우리 어머니   날 낳을 적에

C 이여~ 이여~ 어어~어(언)~ 이여~동 ᄒ라

A 올만 ᄒ난 어어으~ 어~ 지드리드라

    올만 하니   기다리더라

C 이여~ 이여~ 어어~어(언)~ 이여~동 ᄒ라

    위 두 노래는 가난한 생활에 대한 한탄과 부모에 대한 그리움을 주된 내용으로 하고 있다. 사실 이런 사설의 내용은 맷돌갈기, 방아 찧기, 망건짜기, 도리깨질 등 여성 중심의 노동요에도 자주 등장하는데, 이는 작업환경이 가창자의 감정을 표출하기에 적합했기 때문인 것으로 보인다. 〈ᄀ레ᄀ는소리〉는 노래집단의 구성이나 가창환경이 여성들의 심경이 잘 표출될 수 있는 분위기에서 불렸으므로 사설이 서사화되면서 길게 구연되는 경향이 있다. 사설은 여성생활에서 큰 비중을 차지하는 혼인과 거기서 발생하는 갈등과 정서가 주로 표출된다.

〈ᄀ레ᄀ는소리1〉의 '말앙가민 놈이나 웃나'는 시집을 와 보니 가난한 살림살이 때문에 혼인생활을 포기하고 돌아가고 싶지만 남이 비웃을 것을 염려하여 그만두지 못하는 심정을 토로하였다. 삶의 주체로서 여성의 자존심을 읽을 수 있는 대목인데, 이때 여성이 현실을 헤쳐 나가는 방법으로 선택한 것은 '모른질랑 모른뎅' 하는 것이다. 소리판의 참여자들은 모르는 길은 모른다고 자신의 한계와 부족함을 솔직하게 인정하고, 아는 길도 다시 한 번 더 물어보고 실행함으로써 주위의 도움과 지지를 얻어 내는 지혜와 현명함을 노래를 통해 자연스럽게 터득하게 된다.

〈ᄀ레ᄀ는소리2〉의 'ᄀ랑좁쌀 늬어시 먹엉'은 제주사회에서는 널리 통용되었고, 민요사설에도 자주 등장하는 사설이다. 본래는 'ᄀ랑좁쌀 늬어시 먹엉 놈이 어멍 말웃이 살라'로 구연되지만 '놈이어멍 말웃이 살라'가 의도치 않게 탈락된 것이다. 자잘하지만 뉘 없는 깨끗한 좁쌀을 먹고 남의 어머니의 뒷말이 나오지 않도록 살아가라는 말이다. 'ᄀ랑좁쌀 늬어시 먹엉'이라는 '좁쌀'과 '늬(뉘)'의 비유는 작고 사소한 마음 속 뉘를 경계하라는 말이다. '놈이어멍'은 이웃의 여자들을 지칭하는 것일 수도 있고, 시어머니를 지칭하는 것일 수도 있는데, 남의 어머니로부터 핀잔을 듣지 않도록 애쓰길 당부하는 말이다. 남의 어머니가 되는 사람이라면 함부로 남의 말을

해서는 안 된다는 교훈도 준다. 'ᄀᆞ랑좁쓸 늬어시 먹엉 놈이어멍 말웃이 살라'는 관용적 표현은 당시 사람들의 삶의 진중성을 충분히 헤아리게 한다. 이렇듯 전통사회 사람들은 노래를 통해 사회의 가치, 질서, 윤리, 살아가는 방식 등을 가르쳤고, 그 사설은 농경, 어로, 생활전반의 노래사설로 넘나들면서 광범위하게 전승되었다.

〈ᄀᆞ레ᄀᆞ는소리2〉의 'ᄀᆞ렌보난 지남석 ᄀᆞ레'는 ᄀᆞ레가 자석처럼 위짝과 아래짝이 딱 달라붙어서 돌릴 수 없을 만큼 무겁게 여겨진다는 말이다. 곡식을 ᄀᆞ레에 잘 갈아야 뉘 없이 먹을 수 있는데 잘 갈아지지 않아서 겉껍질이 벗겨지지 않은 채 음식을 만들면 뒷말이 나올 것은 당연하다. 하지만 좁쌀을 ᄀᆞ레에 가는 일이 어렵거니와 자잘한 'ᄀᆞ랑좁쓸'과 뉘의 분간도 어려워서 ᄀᆞ렛일은 더욱 버거운 일일 수밖에 없는데 'ᄀᆞ렌보난 지남석 ᄀᆞ레'이다. ᄀᆞ레가 이렇게 무거운 것은 ᄀᆞ레가 길이 잘 들지 않았거나 낡아서라기보다는 여성의 심리적 무게가 큼을 시사하는 표현이다. 힘들게 ᄀᆞ레를 갈다 보니 옷이 '옷앞 썹이 전줄이' 날 정도로 섶이 닳아서 모두 줄이 생길 정도로 헤지기 마련이다. 하지만 생략과 여백을 통한 행간의 의미는 참고 인내하며 꿋꿋하게 살아가는 지혜와 의지, 태도를 함축하고 있다.

〈ᄀᆞ레ᄀᆞ는소리1〉과 〈ᄀᆞ레ᄀᆞ는소리2〉에 나타나는 사설 '어멍시민 옷반반 입나', '아방시민 신반반 신나'에서 '반반'은 구김살 없이 반듯하게 차린다는 말로 각각 '어머니가 있으면 옷을 반반하게 입는다', '아버지가 있으면 신을 반반하게 신는다'는 뜻이다. 하지만 '어머니가 있다면', '아버지가 있다면' 현실의 서러움을 위로받을 수 있을텐데, 부모의 부재에 대한 원망과 그리움은 자신이 처한 현실 인식과 맞물린다.

　부모에 대한 사무치는 그리움은 '이여 ᄒ난 어허으~ 어~ 눈물이 난다', '이여 랜말 어어~ 어~ 말아니 ᄒ라' 하는 표현으로 감정이 집약된다. 〈ᄀ레ᄀ는소리〉는 독창, 선후창, 교환창 어느 가창방식을 택하든 언제나 '이여~이여~ 이여도 ᄒ라' 또는 '이연~ 이연~ 이여도 ᄀ레'로 시작한다. 이 노랫말은 선후창으로 부를 때는 훗소리로 운용되고 종종 화자의 정서를 정리하거나 장면을 전환할 때 '이여ᄒ민 나 눈물난다', '이여ᄒ난 눈물이 된다', '이여랜말 말아라ᄒ다' '이엿말라 눈물이 진다', '이여말랑 말아근가라', '이여ᄒ믄 나눈물난다' 등이 선소리로 구연된다.

　제주민요에는 '이여도ᄒ라', '여여동ᄒ라'. '이여ᄒ라' 등 이여도가 등장하는 노래가 많다. 〈ᄀ레ᄀ는소리〉를 비롯하여 〈방에짛는소리〉, 〈물질소리〉, 〈도리깨질소리〉, 〈양태즛는소리〉, 〈망건즛는소리〉, 〈탕건즛는소리〉, 〈멜후리는소리〉, 〈촐비는소리〉, 〈오돌또기〉, 〈이야홍〉 등에서 관습적으로 반복되거나 렴으로 쓰였다.[68]

　바다로 생업을 떠난 사람은 영영 돌아오지 않는 경우가 많았는데, 제주사람들은 돌아오지 않는 가족이 '이여도'에 가 있다고 생각했다. 이여도는 그리운 사람이 가 있는 곳이지만 만날 수는 없는 공

68　양영자, 『제주학으로서 민요』, 민속원, 2012, 315쪽 참고. 제주민요는 앞에서 렴을 먼저 하고 노래를 시작하는 경우가 많은데, 특히 〈ᄀ레ᄀ는소리〉는 앞에서 렴을 먼저 하고 사설을 이어나간다.

간이기 때문에 가더라도 이여도는 거느리지[69] 말아 주기를 소망한다. 이렇듯 이여도라는 공간적 의미는 제주사회의 집단정서에 공감을 형성함으로써 〈ᄀ레ᄀ는소리〉를 비롯한 여러 노동요에 뿌리내렸다.

2018년 제주민요보존회의 사설(〈ᄀ레ᄀ는소리2〉)은 1989년 조을선의 사설(〈ᄀ레ᄀ는소리1〉)과 대동소이하다. 다만 '다슴어멍 개년의똘년 가건가랜 보내여두엉' 하는 사설이 사라졌다. '다슴어멍'은 의붓어머니, 즉 계모인데 혼인과 가족관계의 형성이 복잡하고 다양했던 전통사회의 현상을 반영하고 있는 사설이다. 의붓어머니를 '개년의 딸년'이라고 직설적으로 욕하면서 가려거든 가라고 보내버렸으면서도 금방 기다리는 현실 또한 당시 생활의 필요를 반영한 것이다. 민요는 현장성과 즉흥성을 생명으로 하는 것이 본원적 성향이므로 과거에도 사설이 고정된 형태로 전승되지 않고 가창자의 처지나 구연상황에 따라 유동적이고 가변적으로 선택되는 것이었다. 요즘 들어서는 무대공연을 통하여 음악성과 예술성을 중시하며 전승되다 보니 정제된 사설을 노래하려는 경향이 있고, 현대사회에 오면서 세태가 바뀌고 가족구성의 범위가 협소해짐에 따라 전통사회에서 전승되어 온 일부사설이 선택되지 않은 것으로 보인다.

---

[69] 굿에서 심방이나 신이나 사람의 이름을 하나하나 말하는 것

2. 〈산천초목〉

1) 구연과 연행양상

제주의 가창유희요들은 제주목 관아가 있던 제주시, 정의현이 있던 성읍마을과 그 주변, 대정현의 옛 고을이었던 대정읍 보성리, 인성리, 안성리, 조천관이 있었고 제주와 육지를 잇는 해상교통의 관문이었던 조천읍 조천리 등지에서 전승되어 왔다. 〈산천초목〉은 제주시와 조천, 대정, 성읍 등 옛 관청 소재지와 관변지역에서 희귀하게 전승되어 온 가창유희요이다. 제주도 전역에서 전승되지 않아서 일반 대중들 사이에서는 불리지 않고 있으며, 서귀포시 표선면 성읍마을과 제주시 중심으로 전승되고 있다.

> 〈산천초목1〉[70]
> • 박앵무(여, 1895, 서귀포시 표선면 성읍리)
> • 1963. 12. 24.
> • 채록: 김영돈

---

[70] 제주도, 『제주도무형문화재 조사보고서』, 1986, 42쪽.

산천초목 성림이 난디

산천초목 성림(成林)이 났는데

에헤이요 귀경가기가 얼화 반가와진다

에헤이요 구경가기   얼화 반가워라

부룸이 불라 후민 돈부룸 불고요

바람이 불려거든 돈 바람 불고요

풍년이 들라 후민 에라 임풍년 들어

풍년이 들려거든 에라 임 풍년 들어라

노픈산 상상봉 외로 산 저 솔나무

높은 산 상상봉 홀로 선 저 소나무

너 혼자 에리화 외로이 삿구나

너 혼자 에리화 외로이 섰구나

어느 어떤 지집아이로

어느 어떤 계집아이로

대장부 간장 에라 다 녹여가나

> 〈산천초목2〉[71]
> • 부영민(여, 1911, 제주시 조천읍 함덕리)
> • 1963
> • 채록: 김영돈

---

[71] 제주도,『제주도무형문화재 조사보고서』, 1986, 42~43쪽.

받읍네다 받읍네다

지와자 받음 아이고 받읍네다

산천초목 속입이 난디

산천초목 속잎이 났는데

귀경 가기 반가와라

구경가기 반가워라

받읍네다 받읍네다

지와자 받음 아이고 받읍네다

부룸이 불겅 돈부룸 불곡

바람이 불거든 돈 바람 불고

풍년이나 들겅 임풍년 들라

풍년이나 들거든 임 풍년 들어라

받읍네다 받읍네다

지와자 받음 아이고 받읍네다

임 이벨을 후신 날 밤의

임 이별을 하신 날 밤에

나는 무사 몬 죽었나

나는 왜 못 죽었나

받읍네다 받읍네다

지와자 받음 아이고 받읍네다

테펭양 넙은 바당

태평양 넓은 바다

풍기둥당실 빠져 죽게

풍기둥당실 빠져 죽자

받읍네다 받읍네다

지와자 받음 아이고 받읍네다

돔박꼿은 피엿는디

동백꽃은 피었는데

흰 눈은 웨 누리나

흰눈은 왜 내리나

한로산 선녜덜이

한라산 선녀들이

춤을 추멍 누려온다

춤을 추며 내려온다

고량부 삼성혈 촛아 가난

고량부 삼성혈 찾아 가니

가마귄 까옥까옥

까마귀는 까옥까옥

소낭만 푸르고나

소나무만 푸르구나

받읍네다 받읍네다

지와자 받음 아이고 받읍네다

박앵무가 부른 〈산천초목1〉과 부영민이 부른 〈산천초목2〉는 둘
다 1963년에 채록된 노래이다. 박앵무는 표선면 성읍리의 소리꾼
으로 알려진 기녀였다. 1416년부터 1914년까지 성읍에 존재했던
정의현청의 마지막세대 기녀였을 것으로 추정되고 있다.[72] 부영민
은 조천읍 함덕리 사람으로 성량이 풍부하고 노동요와 가창유희요
를 골고루 부를 줄 아는 사람이었다고 전해진다. 제주에서 민요의
무대화가 태동되던 1960년대 초, 박앵무는 각종 행사에서 문학성
이 뛰어난 사설을 구사하였다고 전해진다.

그런데 〈산천초목1〉과 〈산천초목2〉는 구연방식이 사뭇 다르다.
〈산천초목1〉에는 렴이 없는데 〈산천초목2〉에는 '받읍네다 받읍네
다 지와자 받음 아이고 받읍네다.'라는 렴이 매 연마다 따른다. 서
귀포시 표선면지역의 〈산천초목1〉과 제주시 조천읍지역의 〈산천
초목2〉를 보면 성읍의 가창유희요는 정제되고 절제된 특징이 있으
며, 조천의 가창유희요는 자유롭고 개방적인 성격을 지닌다고 볼
수 있다.[73] 노동요로 불렸다고도 하며 가창집단과 향유층이 좀 더
폭넓었을 것으로 짐작된다.

오늘날까지도 성읍지역에서는 렴 없이 부르고, 제주목 관아가 있
던 제주시지역과 조천관이 있던 관변지역인 조천에서는 렴을 부르
는 전통이 이어지고 있다. 제주시지역에서 전승되던 〈산천초목〉은
제주특별자치도 무형문화재 제20호 '제주시 창민요'에 포함된 〈산

72　金榮敦, 『濟州島民謠硏究 下: 理論篇』, 민속원, 2002, 227쪽 참고.

73　한기흥, 「朝天 民謠의 特異性」, 제주대학교 석사학위논문, 1995.

천초목〉으로 이어졌다. 현재 제주시 창민요 보유자는 제주목관아 관기에게서 노래를 익힌 김금련의 노래계보를 잇고 있다.

〈산천초목3〉[74]
• 김금련(여, 1895, 제주시)
• 1980. 9. 25.
• 채록: 김영돈

산천초목 속입이 난디

산천초목 속잎이 났는데

구경 가기 반가와라

구경가기 반가워라

받읍니다 받읍니다

지와자 아이고 받읍네다

부룸이 불겅 돈부룸 불고

바람이 불거든 돈 바람 불고

풍년이나 들겅 임풍년 들라

풍년이나 들거든 임 풍년 들어라

받읍니다 받읍니다

지와자 아이고 받읍네다

임 이벨후신 날 밤이

---

74 제주도 편, 『제주민요의 이해』, 제주도, 2000, 147쪽.

임 이별을 하신 날 밤에

나는 무사 못 죽었나

나는 왜 못 죽었나

받읍니다 받읍니다

지와자 아이고 받읍네다

테펭양 너른 바다에

태평양 넓은 바다

풍기둥당실 빠져 죽지

풍기둥당실 빠져 죽자

받읍니다 받읍니다

지와자 아이고 받읍네다

　김금련이 부른 〈산천초목3〉은 사설구연이나 내용이 조천읍 함덕리 부영민의 〈산천초목2〉와 거의 같다.[75] 또한 제주시지역에서도 조천지역과 마찬가지로 '받읍니다 받읍니다 아이고 받읍네다'라는 렴을 반복하여 부르고 있다. 이에 반해 성읍리에서 전해 오는 국가

---

75 김영돈은 채록 당시 "노래를 다 부르지 않은 듯, 후렴이 들쑥날쑥 정제되지 않은 듯 어딘가 개운칠 않다. 후일에 다시 녹음하기로 작정하고 다시 불러주기를 요청했다."는 해설을 달았다.(玄容駿·金榮敦,『韓國口碑文學大系 9-2: 濟州道 濟州市篇』, 韓國精神文化硏究院, 1981, 460쪽) 그 후 김금련이『한국구비문학대계』채록 당시 잘못 불렀다고 스스로 수정해서 부른 것으로『한국구비문학대계』의 자료와는 그 후렴이 사설과 위치가 아주 다르다고 적고 있다.(제주도 편,『제주민요의 이해』, 제주도, 2000, 147쪽.) 이러한 차이가 당시 86세로 요양원 생활을 하고 있었던 김금련의 기억의 오류에서 비롯된 것인지, 김금련의 노래학습의 결과인지는 분명하지 않다.

무형문화재 제95호로 지정된 제주민요의 〈산천초목〉은 렴이 없다. 동일한 노래인 〈산천초목〉을 어느 지역에서는 렴이 없이 부르고, 어느 지역에서는 렴을 수반하여 부른다는 사실은 단순히 가창방식의 차이만이 아니라 연행현장, 소리집단의 성향, 지역사회의 풍토와도 연관이 있을 것으로 보인다.

가창방식을 볼 때 렴이 없는 성읍마을에서는 주로 독창으로 부르고 간혹 제창으로 부르는 경우가 있다. 렴이 있는 제주시와 관변지역인 조천에서는 집단가창으로 부르며 한 사람이 한 연씩 돌아가며 선소리를 부르고 렴은 같이 받는 가창방식을 택하고 있다.

성읍의 〈산천초목〉은 제주에서 전승되는 다른 가창유희요들에 비해 박자가 덜 고정적이고 리듬이 다양하다. 또한 가락이 상당히 느리고 장식적인 성격이 강하며 즉흥적이다. 무박자 민요에 가까운 불규칙한 선율을 갖고 있어 이 노래를 부를 때는 허벅장단 등 어떤 악기도 수반하지 않고 시조창 하듯이 여유롭게 부른다. 그래서 가창방식이 독창일 수밖에 없다. 이는 집단가창 되는 제주시나 조천의 〈산천초목〉과 달리 여흥적인 상황에서 한가롭게 가창되었기 때문이 아닌가 한다. 집단의 화합이나 소통보다는 개인의 기량과 예능이 중시되는 상황에서 가창된 것으로 짐작된다. 성읍의 〈산천초목〉은 주로 유희의 장소에서 예능으로 가창되는 풍토가 마련되었던 것으로 보이고, 제주시와 조천읍의 〈산천초목〉은 성읍민요에 비해 좀 더 다양한 가창 기능과 개방적인 소통구조를 지녔을 것으로 보인다. 제주민요는 지역이나 환경을 막론하고 노동요, 의식요, 유희요 모두 집단가창 되는 특징을 지니는데, 성읍리 〈산천초목〉만이 독창으로 가창되는 점은 특이하고 흥미로운 현상이다.

〈산천초목〉 등의 가창유희요는 일반적으로 기녀들이 가창했던 것으로 판단된다. 관아 내에서 이루어지는 향연에서 가창할 기회가 많았는데 이들의 노래가 민간에 자연스럽게 흘러 들어가 전파된 것으로 보인다. 제주시의 사례를 통해 세부적인 내용을 살펴보자면, 『한국구비문학대계』 조사가 이루어졌던 1980년 9월 25일 조사 당시에 제주시 지역 가창유희요의 유명한 소리꾼이었던 김금련은 어렸을 때 이웃에 사는 고동선이라는 행수기생에게서 소리를 배웠다고 술회하고 있다.[76] 당시 고동선이 살아있다면 106살이 된다고 하는데 집이 이웃하여 있어 심부름으로 집안에 드나들면서 자연스럽게 〈산천초목〉을 익히게 되었다고 하였다.

성읍마을에서도 기녀들이 마을구성원으로 어울리기 위해 대소사에 참여했던 것으로 전해진다. 기녀들이 관아에서만 생활하지 않고 민가에 살면서 관청을 드나드는 경우도 있고 대소사 참여나 일상의 일을 서로 협력하는 경우가 다반사여서 교류가 많았다. 더욱이 기녀들은 주로 민가에서 살았기 때문에 소리에 관심이 많은 사람들은 이웃의 기녀집에 드나들면서 자연스럽게 소리를 익힐 수 있었다. 즉, 〈산천초목〉을 비롯한 가창유희요는 관아의 관기들에 의해 악기에 맞추어 불렸던 노래라고 할지라도 민간에 흘러들어 대중화한 시점에서는 장단과 박자 없이 불렸을 것으로 짐작되며 그 과

---

[76] 玄容駿·金榮敦, 『韓國口碑文學大系 9-2: 濟州道 濟州市篇』, 韓國精神文化研究院, 1981, 460쪽.

정에서 소리의 전승이 활발하게 일어난 것으로 보인다.

성읍마을에서는 봄이 되면 마을 원님이 선비들과 관기, 마을주민들과 함께 영주산의 정소암에서 화전놀이를 즐겼다. 이때 선비들은 글과 시쓰기를 겨루고 춤과 음악이 수반되어 함께 여흥과 가무를 즐겼다고 전해진다. 〈산천초목〉은 이러한 여흥 상황에서 불렸던 노래이다. 영주산을 중심으로 한 주변의 아름다운 풍광이 바깥 향연의 기회를 더욱 자주 갖도록 했을 것이며 화전놀이 같은 세시풍속을 통하여 노래문화가 형성되었다. 여기서 폭넓고 다양한 노래집단과 향유층이 형성된 것으로 보인다.

국가무형문화재 지정 당시 조을선이 부른 〈산천초목〉과 2018년 기록화 당시의 강문희가 부른 〈산천초목〉을 비교하면 가락이 다소 차이를 보인다. 조을선은 가락을 담백하고 소박하게 부르고 있는데 강문희가 부르는 〈산천초목〉은 장식음이 많고 가락을 좀 더 늘여서 멋스럽게 부르는 경향이 있다. 현재 생존해 있는 고령의 성읍 소리꾼들도 조을선과 같이 음의 높낮이나 장식음이 전혀 없이 담백하게 〈산천초목〉을 부르고 있다. 노래현장이 사라지고 공연을 위한 무대 민요화가 진행되는 과정에서 가락의 장식성이 더욱 강화되어 점점 더 세련되게 변해 가는 추세이다. 소리의 현장이 무대공연을 통해 전승되는 현실은 전통민요의 변이에 가장 큰 변화요인을 제공한 것으로 보인다.

2) 사설과 내용

〈산천초목〉은 봄날의 아름다운 경치와 사랑하는 이에 대한 그리움을 노래한 가창유희요이다. 풀잎이 돋아나는 봄날 꽃구경을 하면서 대상에 대한 대응자세를 인식하는 내용으로 되어 있고 그리움이 주된 정서로 나타난다. 〈산천초목〉이라는 제목은 사설의 첫머리 '산천초목 속닙이 난디'에서 따온 것으로 보인다.

〈산천초목4〉[77]
• 조을선(여, 1915, 서귀포시 표선면 성읍리),
  이선옥(여, 1913, 서귀포시 표선면 성읍리) 합창
• 1989. 5. 26.
• 채록: 김영돈 등

산천초목 속입이 난디

산천초목 속잎이 났는데

귀경 가기가 얼화 반갑도다

구경가기가 얼화 반갑구나

꼿은 꺼꺼 머리에 꽂고

꽃은 꺾어 머리에 꽂고

입은 톤아서 얼화 입에 물어

---

77 문화방송 라디오국 편, 「(MBC)한국 민요 대전: 제주도 민요 해설집」, 1992, 문화방송 라디오국, 1992, 155쪽.

잎은 따서 얼화 입에 물어

산에 올라 돌구경 가니

산에 올라 달구경 가니

천하일색은 얼화 내로구나

천하일색은 얼화 나로구나

날 오라하네 날 오라하네

날 오라하네 날 오라하네

산골처녀가 얼화 날 오라ᄒ는다

산골처녀들이 얼화 날 오라고 하는구나

돋아오는 반돌처럼

떠오르는 반달처럼

도리주머니 띄와놓고

둥근주머니를 띄워 놓고

만수무강 글ᄌᆞ를 사겨

만수무강 글자를 새겨

수명당사 끈을 돌아

수명당사(수명을 길게 해주는 의미가 담긴 실)를 끈으로 달아

정든 임 오시거든 얼화 채와나 봅시다

정든 임 오시거든 채워나 봅시다

〈산천초목5〉
• 강문희(여, 1974)
• 2018. 5. 16.
• 채록: 양영자

산천초목 속닙이 난디

산천초목 속잎이 났는데

구경가기가 얼화 반갑도다

구경가기가 얼화 반갑도다

꼿은 꺼꺼 머리에 꽂고

꽃은 꺾어 머리에 꽂고

입은 톧아서 얼화 입에 물어

잎은 따서 얼화 입에 물어

산에 올라 들구경 가니

산에 올라 들구경 가니

천하 일색은 얼화 내로구나

천하일색은 얼화 나로구나

날 오라후네 날 오라후네

날 오라하네 날 오라하네

산골 처녀가 얼화 날오라 후는다

산골 처녀가 날 오라 하는구나

돋아오는 반돌처럼 도리주머닐 주워놓고

떠오는 반달처럼 둥근 주머니를 기워 놓고

만수무강 글자를 사겨

만수무강 글자를 새겨

수명당사 끈을 돌아

수명당사를 끈으로 달아

정든 님 오시거든 얼화 채와나 봅시다

정든 님 오시거든 얼화 채워나 봅시다

조을선의 〈산천초목〉은 제주민요보존회를 통해 꾸준히 전승되고 있다. 민요가 공연 위주로 연행되고 제주어를 모르는 관객의 유입이 증가함에 따라 제주어를 표준어로 대체한 점 외에는 보유자 조을선의 타계로부터 30여 년이 흘렀지만 사설이나 구연양상은 큰 변화 없이 그대로 전승되고 있다.

조을선의 〈산천초목〉은 남녀 간의 사랑과 그리움을 구체적으로 그리는 사설이 정연히 담겨 있다. 봄잎이 돋아나고 꽃이 피어나는 계절에 젊은 남녀가 산과 들에 올라 임에 대한 그리움을 노래하고 있다. 하지만 봄빛이 완연한 산들과 천하일색 아름다운 청춘의 향연과는 달리 '님은 먼곳에' 있다. 정든 님을 위해 할 수 있는 일은 기다림의 자세를 생각하는 것이다. 도리주머니(둥그렇게 만든 주머니)에 만수무강 글자를 새기는 구체적인 행동을 통해 정든 임이 오실 때까지 기다림이 지속될 것임을 암시한다.

〈산천초목〉은 전체적으로는 여성 화자가 노래한 것으로 보이나 화자의 시점이 이동하는 복합적인 양상을 띠고 있다. '꽃은 꺼꺼 머리에 꽂고 입은 톤아 입에 문' 여성 화자에서 '산골 처녀가 얼화 날 오라 하는다'에서 남성 화자로 이동했다가, '도리주머닐 주워 놓고 만수무강 글자를 사겨 수명당사 끈을 돌아 정든 님 오시거든 얼화 채와나 봅시다.' 하는 데서는 다시 여성 화자로 바뀐다. 독창으로 불리는 성읍마을 〈산천초목〉에서 동일 노래 안에서 시점이 이동하는 것은 매우 특이한 현상이다. 이는 노래의 정체성에 대한 의문을 제기한다. 원래 민요란 것이 소리꾼들에 의해 사설이 창작되는 경우가 많으므로 이 부분의 창작개연성을 짐작해 볼 수 있다. 또한, 본래 이 노래가 다양한 향유층으로 구성된 집단에서 불리다가 점차 현재의 상태로 가다듬어진 것으로 볼 수도 있고, 원래 집단가창의 향유방식을 취했던 것으로 보인다. 성읍리 〈산천초목〉은 다양한 향유층으로 구성된 집단에서 집단가창이나 돌림노래 형식으로 불리던 노래가 화전놀이나 노래겨루기 등에서 독창으로 구연되면서 정연한 단연체의 노래로 가다듬어진 것이 아닌가 짐작한다.

〈산천초목〉은 신재효본(申在孝本) 〈흥부가〉나 〈가루지기타령 (-打令)〉의 삽입가요와 사설이 맥락상 유사한 부분이 보인다. 김동욱은 신재효본 〈흥부가〉와 〈가루지기타령〉에 나타나는 사설이 사당패가 부르는 잡가의 사설과 거의 같은데 이는 창작자와 창자가 동일인이고, 신재효가 당시의 잡가를 차용하여 판소리집을 집성하였기 때문이라고 했다.[78]

---

78 金東旭, 『韓國歌謠의 硏究』, 乙酉文化社, 1961, 468쪽.

사당거사 죠와라고 거사덜은 소고치고 사당의 재차대로 연계사당 몬
져 나서 발립을 곱게하고

산천초목이라 셩림한듸 귀경가기 질겁도다 이야여 장송은 낙낙 기럭
이 훨훨 낙낙 장소이 다떨어진다. 성황당 어리궁 벽국새야 이 산의로 가며
어리궁벽궁 저산으로 가며 어리궁벅궁

판노름 추린듯기 가난길 건녀편의 일자로 느러안져 거스덜은 소고치며
스당은 제추듸로 연게스당 몬져나서 발립을 곱게하고

산천초목이 셩림한듸 귀경가기 질겁쏘다. 어야 이 장송은 낙락 질역이
펄펄 낙낙 장송이 다떨어졌다. 이야어 셩활당 궁벅궁시야 이리가며 궁벅
궁 져산으로 가며 궁벅궁 아물히도 너로구나

　

신재효본 〈흥부가〉의 '산천초목이라 셩림한듸 귀경가기 질겁도
다', 〈가루지기타령〉의 '산천초목이 셩림한듸 귀경가기 질겁쏘다.',
성읍마을 박앵무가 부른 〈산천초목1〉의 '산천초목 셩림이 난디 에
헤이요 귀경가기가 엘화 반가와진다'와 조을선·이선옥이 부른 〈산
천초목4〉의 '산천초목 속닙이 난디 귀경가기가 얼화 반갑도다' 등
에서 같은 맥락의 사설이 등장한다. 김영돈(金榮敦, 1932~2001)은
제주민요 〈산천초목〉이 경기·서도 입창의 〈놀량〉, 남도민요 〈화초

사거리(花草四巨里)〉의 첫머리 사설과 같고, 신재효본 〈가루지기타령〉이나 〈흥부가〉에 나오는 사당패가 부른 잡가의 사설과 비슷하다는 점을 들어 한본토의 사당패의 노래가 제주에 흘러들어 오늘날까지 전승변이된 것으로 추정하였다.[79] 나운영(羅運榮, 1922~1993)·이보형·조영배를 비롯한 음악연구자들은 제주민요 〈산천초목〉이 육지의 산타령계 민요의 선율과 닮았다는 분석[80]을 통해 육지민요의 제주유입설에 무게를 두었다. 그렇지만 오늘날 제주민요 〈산천초목〉을 제외하고는 음원이 없는 상황이므로 이 주장들처럼 가락의 영향관계를 단정적으로 확정할 수는 없다.

〈산천초목〉이 여흥 상황에서 불렸던 가창유희요이고 제주시, 성읍, 대정, 조천 등 관청과 그 주변지역에서 널리 전승되었다는 점에서 육지민요의 유입설은 일정 부분 일리가 있어 보인다. 각 관청의 지방관이 이동할 때 관기들이 함께 옮겨 오는 경우가 있었고 사당패들까지 유입되면서 충분히 지역적인 교류가 있었을 것이다. 제주민요와 육지의 노래가 함께 가창되면서 서로 노래를 배우고 익히며 애창하는 가운데 교류와 전파가 일어났을 수도 있다. 그렇다면 〈산천초목〉의 도입부 사설은 당대 매우 유행했거나 관용적으로 차용되던 사설이었을 것으로 짐작되며 당대 인기를 누렸던 사설이 소리

---

79 제주도 편, 『제주민요의 이해』, 제주도, 2000, 144쪽.

80 羅運榮, 「濟州道 民謠의 作曲學的 研究(Ⅰ)-音樂構造를 中心으로」, 『연세논총』제9집, 연세대학교출판부, 1971; 李輔亨, 「民俗藝術」, 『韓國民俗綜合調査報告書 濟州道 篇』, 文化公報部 文化財管理局, 1974; 趙泳培, 『濟州道 民俗音樂: 通俗民謠研究 篇』, 신아문화사, 1991.

꾼들에게 선택되어 뿌리내린 것이라 할 수 있다. 특히 〈산천초목〉의 사설은 서두의 유사한 사설 외에는 전혀 다른 사설들이 구연된다. 이는 당대 전형적이고 유행하는 사설들의 장르 간 넘나듦이 활발하게 일어났음을 짐작하게 한다. 〈산천초목〉도 당대 유행하던 사설과 제주적인 사설이 교호작용을 일으키면서 한 편의 노래로 완성되었다고 할 수 있다.

3. 〈봉지가〉

1) 구연과 연행양상

〈봉지가〉도 제주시와 성읍마을 중심으로 불렸던 가창유희요이다. 제주도 전역에서 널리 전승되거나 분포되지 않은 노래로 관청 소재지와 관변지역 중심으로 활발히 전승되었는데 연행양상은 〈산천초목〉과 대동소이했을 것이다. 사설은 남녀 사이의 애정을 비교적 담대하고 적극적으로 표현하였다.

〈봉지가1〉[81]
• 박앵무(여, 1895, 서귀포시 표선면 성읍리)
• 1963. 12. 24.
• 채록: 김영돈

봉지가 진다 봉지가 진다

꽃봉오리가 맺힌다 꽃봉오리가 맺힌다

---

81 제주도, 『제주도무형문화재 조사보고서』, 1986, 48쪽.

봄철 나서 얼싸 봉지가 진다

봄철 되니 얼싸 꽃봉오리가 맺힌다

에화리리리리에헤여

에화리리리리에헤여

아아에에화리리 아에화아에에

에효오마 날세이로고나

삼수갑산 험악한 질에

산수갑산 험악한 길에

발벵 읏이 편안히 가오

발병 없이 편안히 가오

에화리리리리에헤여

에화리리리리에헤여

아아에에화리리 아에화아에에

에효오마 날세이로고나

사름이 못 나민 돈 보고 살고

사람이 못 나면 돈 보고 살고

아리알씨민 정 보고 산다

아리알씨민 정 보고 산다

에화리리리리에헤여

에화리리리리에헤여

아아에에화리리 아에화아에에

에효오마 날세이로고나

[하략]

- 김창언(남, 1900, 서귀포시 표선면 성읍리)
- 1963. 12. 24.
- 채록: 김영돈

봉지가 진다 봉지가 진다

꽃봉오리가 맺힌다 꽃봉오리가 맺힌다

원천강이 안개 리리리리리

봉지가 진다

꽃봉오리가 맺힌다

에헤에 리라 리리리리리 야아향

에헤에 리라 리리리리리 야아향

아어에에 리라 아이얼씨고나

봉지가 진다 봉지가 진다

꽃봉오리가 맺힌다 꽃봉오리가 맺힌다

청도리리리리리리리

봉지가 진다

꽃봉오리가 맺힌다

에헤에 리라 리리리리리 야아향

에헤에 리라 리리리리리 야아향

들어를 간다 들어를 간다

---

82 제주도 편,『제주민요의 이해』, 제주도, 2000, 184~185쪽.

들어간다 들어간다

삼밧딜로 얼수 들어를 간다

삼밭으로 얼쑤 들어간다

에헤에 리라 리리리리리 야아향

에헤에 리라 리리리리리 야아향

훍은 삼대 재와 놓고

굵은 삼대 재워 놓고

줌진 삼대 춤을 춘다

가는 삼대 춤을 춘다

에헤에 리라 리리리리리 야아향

에헤에 리라 리리리리리 야아향

〈봉지가3〉[83]
- 박우상(남, 1893, 제주시 이도동)
- 1963.
- 채록: 김영돈

봉지가 진다 봉지가 진다

꽃봉오리가 맺힌다 꽃봉오리가 맺힌다

이희에서 봉지가 진다

댓돌에서 꽃봉오리가 맺힌다

에헤리리리야아 야아에어

---

[83] 金榮敦, 『濟州島民謠研究 上:자료편』, 민속원, 2000, 333~334쪽.

들어간다 삼밧딜로

들어간다 삼밭으로

늬영 나영 들어간다

너랑 나랑 들어간다

에헤리리리야아 야아에어

이회야 네로구나

훍은 삼대 쓰러진다

굵은 삼대 쓰러진다

ㄱ는 삼대 쓰러진다

가는 삼대 쓰러진다

에헤리리리야아 야아에어

이회야 네로구나

둘 붉은 밤 봉지가

달 밝은 밤 꽃봉오리가

봄철에 진다

봄철에 맺힌다

에헤리리리야아 야아에어

이회야 네로구나

둘은 웃고 벨도 웃고

달은 웃고 별도 웃고

골메기도 오름으로 올라 간다

갈매기도 오름으로 올라간다

에헤리리리야아 야아에어

이회야 네로구나

너를 두언 오름에 놀레 갓단

너를 두고 오름에 놀러 갔다가

너의 생각 간절후연

너의 생각 간절하여

부더지멍 돌아왓져

넘어지며 돌아왔네

나 수랑이 분명코나

내 사랑이 분명하구나

에헤리리리야아 야아에어

이회야 네로구나

　　1963년 채록된 노래들을 보면 〈봉지가〉는 성읍마을, 제주지역
모두 선후창의 방식으로 가창했고, 남녀를 구분하지 않고 인기리에
불렸던 노래임을 알 수 있다.

　　〈봉지가1〉은 유동적인 사설이 끼어들어 좀 더 가다듬어진 노래
로 보이는데, 사설의 유사성과 후렴구의 길이 등 노래의 존재양상
으로 볼 때 현재 성읍마을 제주민요보존회의 〈봉지가〉에 가장 큰
영향을 준 것으로 보인다.

　　〈봉지가2〉를 부른 김창언은 1959년 당시 성읍리에서 널리 알려

진 남성 소리꾼이었다. 그는 당시 제주 가창유희요의 표본으로 인식되었다. 〈봉지가〉를 비롯하여 〈관덕정앞〉, 〈용천검〉, 〈개구리타령(-打令)〉 등을 잘 불렀는데 특히, 〈봉지가〉와 〈개구리타령〉은 다른 제보자들이 흉내 내기 어려울 정도로 독보적인 소리꾼이었다고 한다.[84] 사설구연은 사설이 있는 선소리를 하고 나서 무의미한 훗소리를 반복하는 가창방식이 박앵무의 〈봉지가1〉과 유사하다. 하지만 첫 구에서는 사설을 온전히 부르지만 두 번째 구에서는 '원천강이 안개 리리리리리' 하여 가성을 처리하고 다음구에서 '봉지가 진다'로 넘어간다든지, 후렴구의 가성 부분인 '아어에에 리라 아이얼씨 고나'를 1연에서만 부르고 다음부터는 생략된 점이 오늘날 성읍마을에서 전승되고 있는 〈봉지가〉의 노래형식과 다소 차이를 보인다.

〈봉지가3〉은 사설의 내용이나 구연방식은 오늘날의 〈봉지가〉와 유사하나 후렴에서 가성 부분이 한 소절 생략되어 있다. 즉, 〈봉지가2〉와 〈봉지가3〉은 전반적으로 오늘날 불리고 있는 〈봉지가〉와 거의 일치하면서도 후렴을 부르는 방식에서 차이를 보이고 있다. 〈봉지가2〉에서는 마지막 한 줄이 생략되었는데, 〈봉지가3〉에서는 '에헤리리리야아 야아에어'를 동일하게 반복해서 한 번 더 부르는 부분이 아예 생략되고 '이회애 네로구나' 하여 보다 정연하게 마무리되었다. 이러한 현상의 원인이 소리꾼 개인의 가창 오류인지, 구연상황이나 소리집단의 구성에 따른 의도적 탈락인지, 채록의 문제인지 정확한 정황을 알 수 없다. 소리꾼이나 소리집단의 문제가 아

---

84 제주도 편,『제주민요의 이해』, 제주도, 2000, 182쪽.

니라면 1893년쯤 태어난 박우상이나 조금 후대인 김창언 등이 살았던 19세기 후반에서 20세기 초반 어간에는 후렴 자체가 단순했던 것이 가창집단이 확대되면서 후렴구를 반복하는 관행이 생겨났거나, 가창집단에 따라 노래형식이 다양하게 선택되는 문화풍토가 있었던 것은 아닌가 조심스럽게 추정해 본다. 그리고 민요 채록 초기에 떠는 음이나 길게 늘여 부르는 음을 시각적으로 처리하지 않았던 채록관행의 문제일 수도 있으므로 채록된 표기만으로 보아서는 단정 짓기 어려운 실정이다. 다만, 조을선이 노래를 습득할 당시 성읍마을 소리판에서는 〈봉지가1〉의 노래형식으로 전승되고 있었다. 그 소리가 국가무형문화재로 지정되었고 제주민요보존회가 이어서 전승하고 있다.

〈봉지가4〉[85]
• 조을선(여, 1915), 이선옥(여, 1913)
• 1981. 5. 17.
• 채록: 김영돈

봉지가진다 봉지가진다

꽃봉오리가 맺힌다 꽃봉오리가 맺힌다

봄철낭에서 봉지가진다

봄철 나무에서 꽃봉오리가 맺힌다

혜 이히이히 이히 야아 야아~

---

85 제주도, 「제주도무형문화재 조사보고서」, 1986, 50~51쪽.

에헤 이히이히 이히 야아 야아~

야아 에헤에에~ 에헹에~ 얼씨구나

엥헤가 논다 엥헤가논다

잉아가 논다 잉아가 논다

청포장속에서 엥헤가논다

청포장 속에서 잉아가 논다

에헤 이히이히 이히 야아 야아~

에헤 이히이히 이히 야아 야아~

야아 에헤에에~ 에헤에~ 얼씨구나

잠든 사름은 일러나 놓고

잠든 사람은 깨워나 놓고

졸든 사름은 일러나 놓고

졸던 사람은 깨워나 놓고

에헤 이히이히 이히 야아 야아~

에헤 이히이히 이히 야아 야아~

야아 에헤에에~ 에헤에~ 얼씨구나

앞집 사름은 인물이 절색

앞집 사람은 인물이 절색

뒷집 사름은 과부가 멩창

뒷집 사람은 과부가 명창

에헤 이히이히 이히 야아 야아~

에헤 이히이히 이히 야아 야아~

야아 에헤에~ 에헤에~ 얼씨구나

좀진 삼은 밀려나 놓고

가는 삼은 밀어나 놓고

훍은 삼은 땡겨나 놓고

굵은 삼은 당겨나 놓고

에헤 이히이히 이히 야아 야아~

에헤 이히이히 이히 야아 야아~

야아 에헤에~ 에헤에~ 얼씨구나

〈봉지가5〉[86]
• 조을선(여, 1915), 이선옥(여, 1913)
• 1989. 5. 26.
• 채록: 김영돈

봉지가 진다 봉지가 진다~

꽃봉오리가 맺힌다 꽃봉오리가 맺힌다

봄철 낭게서 봉지가 진다

봄철 나무에서 꽃봉오리가 맺힌다

에헤 리리리리 리리 야아 야아~

에헤 리리리리 리리 야아 야아~

---

86 문화방송 라디오국 편, 『(MBC)한국 민요 대전: 제주도 민요 해설집』, 문화방
송 라디오국, 1992, 143~144쪽.

야아헤~ 헹에~ 에헤가 얼씨구나~아

잉에가 논다~아 잉에가 논다~

잉아가 논다 잉아가 논다

청포장 속에서 잉에가 논다~

청포장 속에서 잉아가 논다

에헤 리리리리 리리 야아 야아~

에헤 리리리리 리리 야아 야아~

야아헤~ 헹에~ 에헤가 얼씨구나~아

앞집의 사당은 인물이 절색

앞집 사람은 인물이 절색

뒷집의 사당은 과부가 명창

뒷집 사람은 과부가 명창

에헤 리리리리 리리 야아 야아~

에헤 리리리리 리리 야아 야아~

야아헤~ 헹에~ 에헤가 얼씨구나~아

좀진삼은 밀려나놓고~

가는 삼은 밀려나 놓고

훍은삼은 깽겨나놓아~

굵은 삼은 챙겨나 놓고

에헤 리리리리 리리 야아 야아~

에헤 리리리리 리리 야아 야아~

야아헤~ 헹에~ 에헤가 얼씨구나~아

〈봉지가6〉

• 제주민요보존회
• 강문희(여, 1974), 김영순(여, 1951), 김인자(여, 1953),
  송심자(여, 1951), 이정신(여, 1962)
• 2018. 5. 16.
• 채록: 양영자

에헤 리이리 리이리 리리~ 야아~야

에헤 리이리 리이리 리리~ 야아~야

야아헤에~헹 에헤~가 얼씨구나

봉지가 진다 봉지가 진다

봄철 낭에서 봉지가 진다

에헤 리이리 리이리 리리~ 야아~야

에헤 리이리 리이리 리리~ 야아~야

야아헤에~헹 에헤~가 얼씨구나

잉어가 논다 잉어가 논다

청포장 속에서 잉어가 논다

에헤 리이리 리이리 리리~ 야아~야

에헤 리이리 리이리 리리~ 야아~야

야아헤에~헹 에헤~가 얼씨구나

앞집이 사당은 인물이 절색

뒷칩이 사당은 과부가 명창

에헤 리이리 리이리 리리~ 야아~야

에헤 리이리 리이리 리리~ 야아~야

야아헤에~헹 에헤~가 얼씨구나

좀진 삼은 밀려나 놓고

훌근 삼은 댕겨나 놓아

에헤 리이리 리이리 리리~ 야아~야

에헤 리이리 리이리 리리~ 야아~야

야아헤에~헹 에헤~가 얼씨구나

〈봉지가1〉, 〈봉지가2〉, 〈봉지가3〉은 채록시기가 비슷한데도 사설이 각각 다른 데 비해 〈봉지가4〉, 〈봉지가5〉, 〈봉지가6〉은 시기가 다르지만 사설이 거의 비슷하다. 〈봉지가1〉, 〈봉지가2〉, 〈봉지가3〉이 불렸던 1960년대까지만 해도 구연상황이나 소리꾼의 특성에 따라 자유롭게 사설을 주고받을 수 있는 분위기가 조성되어 있었다. 가창자의 자질이나 역량, 청중의 태도, 분위기 등에 따라 소리판에서는 수많은 사설이 즉흥적으로 만들어질 수 있었다. 하지만 1970년대 들어 산업화·근대화의 풍조에 밀려 민요의 현장이 사라지고 사람들의 삶의 방식과 세태가 변모하면서 민요는 급격하게 쇠퇴하기 시작했다. 다행히 국가 차원에서 전통문화 보존 노력을 기울이면서 민요채록과 보존사업, 무형문화재 발굴사업이 전개되었다. 1980년대에 채록된 〈봉지가4〉, 〈봉지가5〉와 2018년 채록된 〈봉지가6〉은 국가 차원의 기록화 사업의 산물이라 할 수 있다.

〈봉지가〉는 맑고 조용한 느낌의 노래이다. 장단이 일정해서 거뜬

거뜬하게 부르면서도 음의 높낮이가 크지 않다. 전체적으로 매우 느리게 부르며 선율이 자연스럽고 비교적 안정적이다. 특히 훗소리 부분에서 가성을 사용해 가는목으로 '리이리 리이리' 하면서 길게 빼면서 독특한 음색으로 표현하는데, 이 부분은 풀피리 소리를 모방한 것이라고 전해진다. 이 선율은 앞부분의 선율과 소리의 질을 달리함으로써 음악의 대비감을 고조시키는 효과를 얻게 한다.

〈봉지가〉는 노래의 가창방식이나 창법 등으로 미루어 볼 때 여흥의 상황이나 경연 등 즐기고 노는 자리에서 불렸던 노래로 보인다. 소리판의 인적구성, 연행현장의 성격, 가창자의 자질과 능력, 청중의 호응도 등에 따라 사설이 더욱 길게 구연될 수 있고, 상황에 따라 '돌려 가며 부르기'가 자연스럽게 일어날 수 있는 구조이다. 실제 노래판이나 공연무대에서도 한 사람씩 돌아가면서 선소리를 하고 모두 후렴을 받는 가창방식으로 불리고 있다. 가창자나 전승지역에 따라 후렴을 조금 더 늘여서 부르느냐 축약해서 부르느냐 정도의 차이만 있을 뿐 가락이나 사설은 거의 비슷하다.

〈봉지가〉는 가락이 맑고 유장해서 육지의 산타령과 닮은 노래로 알려져 있는데, 육지에서 유입된 노래가 전파되는 과정에서 본래의 가락과 사설이 제주도적으로 전승변이 되면서 오늘에 이른 것으로 추정하는 이도 있다. 육지에도 〈봉지가〉와 같은 이름의 민요가 있다고 하나 서로의 관계가 명확히 알려진 바는 없다.

2) 사설과 내용

〈봉지가〉는 여흥이나 유흥을 위한 연행상황에서 기녀 등 특수 계층에 의해 불린 노래로 알려져 있다. 민속학자 홍정표(洪貞杓, 1907~1992)는 "〈봉지가〉나 〈산천초목가〉나 함께 오십년 전만 하더라도 처녀들이 곧잘 불렀던 가요"[87]라 한 것을 보면 1910년대만 해도 널리 불렸던 노래임을 알 수 있다. 그 후 진성기(秦聖麒, 1936~)·김영돈이 민요조사에 박차를 가하던 1950년대 후반~1960년대까지만 해도 〈봉지가〉는 활발하게 불리고 있었다.

홍정표는 "다른 민요는 노역과 더불어 불러서 신고한 맛을 느끼게 하나 〈산천초목〉과 〈봉지가〉는 앵무새가 서로 기뻐 사귀듯이 부녀들 사이에서 은근히 정서를 주고받으면서 모든 근심 걱정을 다 버리고 꽃이 활짝 핀 향기가 미풍에 흐늘거리는 녹음방초 우거진 아래서 하루놀이를 마련하여 서로가 위로하고 유연(遊宴)하면서 불렀던"[88] 노래라고 하였다. 이 해설의 '유연(遊宴)'이라는 단어는 〈봉지가〉가 '잔치를 즐기며 노는' 봄날의 노래임을 말해 준다.

〈봉지가〉는 누가 부르든 '봉지가 진다 봉지가 진다'로 시작된다. 그래서 제목을 〈봉지가〉라 한다. '봉지'는 '봉오리'를 뜻하는 제주 방언 '봉오지'에서 온 말로 꽃봉오리를 뜻한다. '지다'는 제주방언에서 '떨어지다'와 '맺히다' 두 가지의 의미를 지닌다. '봉지가 진다'를 '떨어지다'로 해석하면 '꽃봉오리가 떨어진다.'는 의미가 될

---

87 洪貞杓,『濟州道民謠解說』, 省文社, 1963, 37쪽.

88 洪貞杓,『濟州道民謠解說』, 省文社, 1963, 37쪽.

것이고, '맺히다'로 해석하면 '꽃봉오리가 맺힌다.'는 의미가 된다. 전자의 의미라면 봄이 되면 맺는 꽃봉오리가 일정 기간이 지나면 떨어지고 마는 것에 빗대어 남녀의 사랑과 삶의 이치를 표현하는 노래라 할 수 있다. 후자의 의미라면 만물이 소생하는 봄에 꽃봉오리가 맺듯 새로운 삶과 사랑의 시작을 생동감 있고 함축적으로 표현하는 노래라 할 수 있다. 이에 대하여 〈봉지가〉를 처음 채록했던 진성기, 홍정표, 김영돈 등은 모두 '봉오리를 맺는다.(봉오리가 맺힌다.)'로 적시하였다.[89] 현장조사를 통해서도 이와 같은 의미로 확인되었다.

'청포장 속에서 잉어가 논다'에서 '청포'는 푸른 빛깔의 천이다. '잉어'는 베틀의 날실을 한 칸씩 걸러서 끌어 올리도록 맨 굵은 실(잉아)을 뜻한다. '청포장 속에서 잉어가 논다'는 베틀로 씨실과 날실을 얽으며 옷감을 짜나가는 모습을 의인화하여 청포장 속에서 잉어가 논다고 표현한 것이다. '앞집의 사당은 인물이 절색 뒷집의 사당은 과부가 명창' 하는 모습에서는 서로 어울려 흥겹게 노는 장면을 그릴 수 있다. 이어 '줌진 삼은 밀려나 놓고 훌근 삼은 댕겨나 놓아'는 훌근 삼(굵은 삼)과 줌진 삼(가는 삼)을 얽어 가며 천을 짜는 여성들의 모습을 그리고 있다.

〈오돌또기〉 같은 가창유희요가 망건을 짜면서도 부른 사실이 있는 것을 보면 〈봉지가〉도 여성들이 수공업을 하면서 불렀을 가능성

---

89 진성기, 『남국의 민요-제주도민요집』, 제주민속연구소, 1958, 177쪽; 김영돈, 『제주도민요연구 상』, 일조각, 1965, 334쪽; 홍정표, 『제주도민요해설』, 성문사, 36쪽.

이 있다. 〈봉지가〉가 가창유희요라는 분류에서 노래의 형식이나 내용을 살펴보면 제주사람들의 생활이나 정서와 다소 거리가 있어 보이지만 사설의 맥락을 살펴보면 좀 더 다양한 층위를 엿볼 수 있다. 사설의 배치가 1연과 3연은 남녀의 회합, 2연과 4연은 옷감짜기를 노래하고 있는데 이러한 구연양상은 집단 내에서 '돌아가며 부르기' 등 다양한 가창방식을 운용했음을 시사한다. 또, 청춘남녀가 꽃구경을 간다든지, 인물 좋고 소리 좋은 남녀가 어울려 노는 풍경 등은 척박한 환경에서 노동으로 점철된 제주사람들의 현실과 정서에 크게 와닿지 않는 사설로 보이기도 한다. 남녀의 만남이나 애정을 노래한 사설이 제주민요에서 흔하게 만날 수 있는 내용은 아니지만 삶과 현실의 어려움 속에서도 여유로움을 느끼게 한다. 여성의 주

요 일상이었던 옷감짜기의 실태가 노동요가 아닌 유희요에서 가창된다는 점도 흥미롭다.

제주민요보존회가 부른 〈봉지가6〉은 제주어가 많이 사라졌다는 점 외에는 사설이 큰 개변 없이 조을선과 이선옥이 부른 〈봉지가4〉, 〈봉지가5〉를 그대로 전승하고 있다. 〈봉지가〉의 '잉어'는 1981년의 〈봉지가4〉에서는 '엥헤', 1989년 불린 〈봉지가5〉에서는 '잉에', 2018년의 〈봉지가6〉에서는 '잉어'로 바뀌었다. 사설의 변모양상을 통해 제주어의 고형이 점차 사라지고 있음을 알 수 있다. 무대공연을 위해서는 소리꾼들이 연행하는 제주민요의 사설이 과거에 비해 다소 고정될 수밖에 없다. 사람이나 지역에 따라 조금씩 다르게 불리던 언어들도 과거에 비해 점점 획일화되어 가는 측면이 있다. 〈봉지가〉는 노래의 형식이나 내용면에서 가창유희요다운 민요이면서, 비기능요의 성격이 두드러지는 노래라 할 수 있다. 하지만 사설 운용을 통해 놀이와 노동이 결합되는 다기능적 민요의 성격도 음미해 볼 수 있다.

4. 〈오돌또기〉

1) 구연과 연행양상

〈오돌또기〉는 제주도의 대표적인 가창유희요이다. 제주도 전역에서 광범위하게 불렸던 노래로 제주사람이라면 누구나 〈오돌또기〉만큼은 부를 줄 알았다. 옛 사람들은 이 노래를 〈둥그대당실〉 또는 〈둥그레당실〉이라고 부르기도 한다. 제주도의 흥취를 담뿍 담고 있으면서 가락이 구성지고 아름다우며 제주도의 풍광과 조화를 이루어 이국적인 정취를 자아내기에 충분하다. 제주사회에서 폭넓은 공감대를 형성하여 마을행사나 축제, 예술단의 공연에서 광범위하게 불리며 젊은 층에서도 널리 사랑받고 있으며 전국에 제주를 상징하는 노래로 알려져 있기도 하다. 제주 전역에 김복수와 임춘향의 애틋한 사연을 담은 〈오돌또기〉 관련 전설이 전승되고 있는 점도 주목할 부분이다.

〈오돌또기〉는 전반적으로 애잔한 분위기를 띠는 다른 제주민요들과는 달리 매우 흥겹고 경쾌한 노래이다. 홍정표는 이 노래를 "세계 명곡 중의 명곡으로 남국의 여성의 정서에 맞고 그 시대의 지방

색을 띤 명랑성이 있는 율조이며 흥(興)이 아니면서 짙은 흥(興)이고 비(比)이면서 농(濃)한 비(比) 아니며 애(哀)이면서 심한 애(哀)가 아니고 쾌(快)하지 않으면서 명쾌(明快)하고 그야말로 깊은 맛을 담긴 율조(律調)"라고 하였다.[90] 리듬이 다양하게 변화하면서도 선율이 자연스럽고 앞뒤소리가 균형 잡힌 형식으로 이루어져 있다. 〈오돌또기〉는 소리꾼의 자질이나 취향, 구연상황, 소리집단의 성격 등에 따라 가창방식이나 가락의 길이가 달라진다. 〈오돌또기〉는 두 사람이 번갈아 가며 부르는 연행상황에서는 가창자가 지닌 사설이 동날 때까지 돌아가며 부를 수 있다. 가창자가 더 많은 경우에도 〈오돌또기〉의 가락에 자신의 사설을 얹어 가며 부르는 노래판이 형성된다. 다른 제주민요들은 대체로 주어가 생략되고 함축적이며 짧은 시어로 부르는 노래가 많은데 〈오돌또기〉는 문장이 길고 비교적 주술관계가 드러나는 문장구조로 가창된다.

〈오돌또기〉는 다른 지역의 가창유희요에 비해 부르기가 쉽지 않다. 선율 도약의 폭이 비교적 크고 선율의 굴곡이 잦은 편인데다, 처음에 크게 내지르고 점차 하강하는 구조로 되어 있어서 소리꾼들은 〈오돌또기〉를 부를 때 힘이 몇 배나 더 든다고 느낀다. 과거에는 요즘처럼 빠른 가락과 장단으로 부르지는 않았는데. 현대사회로 오면서 가락이 더욱 빨라지고 기교가 늘어나면서 나타난 현상으로 보인다. 김영돈은 1980년 김금련의 〈오돌또기〉 조사에서 "원래의 오돌또기는 사설도 좀 다르거니와 느린 가락."이라고 하였다. 하지만

---

[90] 洪貞杓, 『濟州道民謠解說』, 省文社, 1963, 38쪽.

"오돌또기는 20년 전부터 전파매체를 타고 전국에 널리 알려졌는데, 그 가락이 빨라지고 행진곡조처럼 둔갑했다는 사실은 안타깝다."[91]고 하였다. 지금도 예술단 활동을 하지 않는 고령의 평범한 소리꾼들은 〈오돌또기〉를 읊조리듯이 느리게 부른다. 무대에서 공연하거나 장구 등 악기에 맞춰서 부르는 경우 가락은 한층 빨라지는 경향이 있다.

〈오돌또기〉는 관아의 향연이나 풍류의 장에서만 불린 노래는 아니다. 주로 여흥 상황에서 불린 가창유희요이긴 하나 조천지역에서는 망건을 짜는 일 등 노동상황으로 가창영역이 확대되기도 했다. 향연이나 풍류보다는 여성들의 일상에서 즉흥적이고 일시적인 노래판을 형성하면서 인기를 얻었다고 할 수 있다. 산간마을 여성들은 식수확보를 위해 물허벅을 져 날랐다. 이 과정에서 언덕배기나 팽나무 그늘에서 잠시 휴식을 취하기도 했는데, 이때 누군가 노래를 부르기 시작하면 허벅에 장단을 맞추며 덩달아 즉흥적인 노래판이 벌어지기도 했다. 무대민요화가 진행된 오늘날에는 〈오돌또기〉 가창과 무대공연에 거의 대부분 허벅장단이 수반되고 있다.

〈오돌또기〉의 발생과 관련하여 제주에서 형성된 후 육지로 전파되었다는 학설과 경기지방의 민요가 제주로 들어와 형성되었다는 학설이 있다. 〈오돌또기〉는 현재 제주에서만 전승되고 있으나 이와 명칭이 유사한 노래들이 있어 교류나 영향관계 등 노래들 간의 상

---

91 文化財研究所 藝能民俗研究室 編, 『韓國民俗綜合調査報告書: 農樂·豊漁祭·民謠篇』, 文化公報部 文化財管理局, 1982.

관관계를 밝히려는 시도가 꾸준히 이루어졌다. 제주도의 〈오돌또기〉와 유사한 명칭을 가진 대표적인 노래로 강원도의 〈오독떼기〉와 경기도의 〈오돌독〉이 있다.

강원도 명주 지방에는 밭이나 논을 매면서 집단적으로 부르는 〈오독떼기〉가 전승된다. 이 노래는 밭고랑을 타면서 느린 가락으로 불러 여러 사람의 김매는 동작과 일치한다. 동해안의 풍토와 생활을 잘 반영하고 있어 동해의 대표적인 농요라 할 수 있다.[92] 그런데 제주도 〈오돌또기〉와 강원도 〈오독떼기〉는 노래이름이 유사하다는 것 외에는 가락이나 사설, 기능 어느 면에서도 관련성을 찾아보기 어렵다. 특히, 구연방식과 사설 전개양상이 크게 다르고 소리집단의 특징과 연행현장이 현저히 다르기 때문에 두 노래를 동일노래로 보기는 어렵다.

경기도의 〈오돌독〉은 사설은 제주도의 〈오돌또기〉와 다른데, "청사초롱에 에루화 불 밝혀라" 하는 부분이 같다. 이 사설은 다른 어느 민요에나 나타날 수 있는 유동적이고 비고정적인 사설이어서 이것만으로 상관성을 갖는다고 보기는 어렵다. 두 노래는 사설 구연방식이나 후렴의 존재양상 등을 포함하여 상관성이 희박하다. 다만, 제주 〈오돌또기〉의 '달도 밝고 내가 머리로 갈거나' 하는 부분의 가락과 유사한 부분이 있다. 이와 관련하여 김영돈은 조선시대의 〈오돌또기〉가 제주를 비롯하여 경기, 강릉 등 각 지역에 남겨진

---

92 任東權·金榮敦·이소라,「第166號 民謠」,『無形文化財調査報告書 第18輯(162-167 호)』, 文化部 文化財管理局, 1974, 166쪽.

것으로 보고 경기나 강릉의 것에 비하여 제주의 〈오돌또기〉가 조선시대의 〈오돌또기〉에 더욱 가깝다고 했다. 경기의 〈오돌독〉과 노래 이름이 같고 사설에 비슷한 대목들이 드러나는가 하면, 가락 또한 상통하지만 경기의 〈오돌독〉은 조선시대의 〈오돌또기〉와 사설의 유사성을 찾아볼 수 없다고 했다.[93]

성경린(成慶麟, 1911~2008)·장사훈(張師勛, 1916~1991)은 〈오돌또기〉는 제주도의 자생적인 민요이고 19세기 말에 서울로 전해져서 유행하였다고 주장하였다.[94] 반대로 나운영은 악곡을 분석하여 경기민요가 유입되어 제주도 〈오돌또기〉가 형성되었다고 주장했다.[95] 이보형, 조영배 등이 이 견해를 지지하였고 그 이후로 음악연구자들이 악곡 분석을 통해 같은 주장을 폈다.

한편 안대회는 제주도에서 전승되는 오돌또기 전설과 닮은 「김복수전(金福壽傳)」[96]을 발굴하여 제시하면서 육지민요 〈오돌또기〉가 제주에 유입되어 전파된 노래라는 기존의 학설에 의문을 제기하였다.[97] 1793년(정조 17) 목만중(睦萬中, 1727~1810)이 쓴 「김복수

---

93 제주도 편, 『제주민요의 이해』, 제주도, 2000, 142쪽.

94 성경린·장사훈, 「朝鮮의 民謠」, 국제음악문화사, 1949.

95 羅運榮, 「濟州道 民謠의 作曲學的 硏究(Ⅰ)-音樂構造를 中心으로」, 『연세논총』제9집, 연세대학교출판부, 1971.

96 「김복수전」은 18세기 후반의 문인이자 정치가인 목만중의 문집 『여와집(餘窩集)』에 실려 있다. 목만중은 18세기 남인 문단에서 채제공의 풍단(楓壇)에 참여하고 서원시사(西園詩社) 등을 결성하여 시(詩) 2,000여 수와 문(文) 300여 편의 작품을 남겼다.

97 안대회, 「餘窩 睦萬中의 표류인 전기 「金福壽傳」 연구-제주 민요 〈오돌또기〉와의 관련성을 포함하여」, 『한국문화』제68집, 규장각한국학연구원, 2014.

전」에 따르면 〈오돌또기〉는 인조~효종 사이인 17세기 말~18세기 중반에 제주의 김복수라는 사람이 지은 노래로 당시 제주도에서는 널리 불렸던 노래라고 주장하였다. 그러면서 〈오돌또기〉라는 노래가 널리 불리게 되자 노래의 발생을 설명하기 위해 오돌또기 전설이 만들어졌다는 설과 그 설을 지지해온 연구자들의 추정을 재검토할 필요가 있다고 지적하였다.

위에서 살펴본 것처럼 제주민요 〈오돌또기〉의 발생과 연원, 노래의 정체성, 강원민요 〈오독데기〉와 경기민요 〈오돌독〉 등과의 상관관계를 밝히는 것은 쉽지 않다. 연행현장의 성격, 가창방식, 사설의 유사성이 드러나지 않는데 선율 분석만을 근거로 영향·수수관계를 주장할 때 발생할 수 있는 오류를 재고할 필요가 있다. 또한 중앙문화 중심의 문화전파론적 시각에서 벗어나 공동연구가 필요하다.

2) 사설과 내용

제주민요 〈오돌또기〉는 '오돌또기 저기 춘양이 나간다'는 사설로 시작된다. 하지만 그 다음에 이어지는 사설들은 오돌또기와 관계없이 제멋대로 사설이 붙여진다. 제주의 자연이나 경승, 처녀총각의 사랑의 감정, 세태에 대한 풍자, 삶의 쾌락이나 죽음을 노래하기도 한다. 첫 연만 사설이 고정되어 있고 두 번째 연부터는 감정과 정서를 자유롭게 구사하는 열린 구조의 연장체 노래이다.

〈오돌또기1〉[98]
- 조을선(여, 1915), 이선옥(여, 1913) 합창
- 1981. 5. 17.
- 채록: 김영돈

오돌또기

저기 춘향 나온다

달도 밝고

내가 머리로 갈까나

둥그대당실 둥그대당실

이야도당실 연저 바리고

달도 밝고

내가 머리로 갈까나

너는 누구고

나는 누게냐

나는 누구냐

상산땅에다

조즈룡이로다

조자룡이로다

---

98 玄容駿·金榮敦, 『韓國口碑文學大系 9-3: 濟州道 西歸浦市·南濟州郡篇』, 韓國精神
文化硏究院, 1983, 543~546쪽.

둥그대당실 둥그대당실

이야도당실 연저 바리고

달도 밝고

내가 머리로 갈까나

한라산 봉오리

시렁개 든숭만숭

시로미[99] 든 듯 만 듯

서귀포 바다에

해녀가 든숭만숭

해녀가 든 듯 만 듯

둥그대당실 둥그대당실

이야도당실 연저 바리고

달도 밝고

내가 머리로 갈까나

청사초롱에

불 붉혀 놓고

불 밝혀 놓고

춘향의 방으로

밤소일 가누나

---

99 시로미과의 상록소관목, 열매는 한약재로 쓴다.

밤소일[100] 가는구나

둥그대당실 둥그대당실

이야도당실 연저 바리고

달도 밝고

내가 머리로 갈까나

오라고 혼디는

오라고 한 데는

밤이나 가고

동네야 볼 디는

동네야 볼 데는

해낮이도 간다

대낮에도 간다

둥그대당실 둥그대당실

이야도당실 연저 바리고

달도 밝고

내가 머리로 갈까나

오라 후길래

오라 하기에

오라고 후길래

---

100 놀이나 장난 따위로 밤을 새움

오라고 하기에

벨 일 제쳐서

별일 제쳐서

나갈노라고 후엿네

나가겠다고 하였네

둥그대당실 둥그대당실

이야도당실 연저 바리고

달도 밝고

내가 머리로 갈까나

[하략]

⟨오돌또기2⟩
• 제주민요보존회
  A(선소리): 강문희(여, 1974)
  B(모두): 강문희(여, 1974), 김영순(여, 1951), 김인자(여, 1953),
          송심자(여, 1951), 이정신(여, 1966)
• 2018. 5. 16.
• 채록: 양영자

둥그대 당실 둥그대 당실

여도 당실 연자버리고

달도 밝고

내가 머리로 갈꺼나

A   오돌또기

저기 춘양 나온다

달도 밝고

내가 머리로 갈꺼나

B   둥그대 당실 둥그대 당실

여도 당실 연자버리고

달도 밝고

내가 머리로 갈꺼나

A   한라산 중허리에

시르미 든숭 만숭

시로미 든듯 만듯

서귀포 해녀가

바당에 든숭 만숭

바다에 든듯 만듯

B   둥그대 당실 둥그대 당실

여도 당실 연자버리고

달도 밝고 내가 머리로 갈꺼나

A   청사 초롱에

불 밝혀 놓고

춘양이 방으로

밤소일 간다

B   둥그대 당실 둥그대 당실

여도 당실 연자버리고

달도 밝고 내가 머리로 갈꺼나

A 남대전 허리에

가부다님 치고

바지 대님을 치고

새벽달 찬바람에

도망난길 간다

도망난 길을 간다

B 둥그대 당실 둥그대 당실

여도 당실 연자버리고

달도 밝고 내가 머리로 갈꺼나

A 몰을 타고서

말을 타고서

꼿밧데 드니

꽃밭에 들어가니

발작마다

발자국마다

상내가 난다

향내가 난다

B 둥그대 당실 둥그대 당실

여도 당실 연자버리고

달도 밝고 내가 머리로 갈꺼나

〈오돌또기〉는 '한라산 봉오리 시렁개 든숭만숭 서귀포 바다에 해녀가 든숭만숭'처럼 구(句) 또는 절(節)이 대구를 이루거나, '꽃밧데 드니 발작마다 상내가 난다'처럼 " ~ 하니 ~ 한다."와 같이 주종관계의 문장이 동일한 틀 속에서 일정하게 운용되고 있다. 노래의 화자는 자신이 표현하고자 하는 정서를 효과적으로 전달하기 위해 하나의 구에 들어가는 음절의 길이를 짧게 하기도 하고 길게 하기도 하는데, 이때 글자 수에 관계없이 하나의 구(句)에 들어가는 길이는 시간적으로 같으며 지속성을 가지게 되어 소리의 등장성(等長性)을 지닌다고 할 수 있다. 〈오돌또기〉는 이러한 시간적 등장성을 기본으로 하여 빠른 속도로 자신의 사설을 촘촘히 구사하기도 한다. 마을소리판에서 장고(장구)에 맞춰 춤을 추면서 어울려 놀 때는 흥을 돋우고 박자와 장단을 조율하기 위하여 사설 중간이나 끝부분에 '에리화, 아이구야, 허이' 등 여음을 사용하기도 한다.

〈오돌또기1〉은 조사자도 "사설이 고정적인 것이 아니라 생각이 나는 대로 부르는 것이었다."[101]고 할 정도로 자유자재로 사설을 구연하고 있다. 노래공동체의 분위기가 허용적일수록 각자의 사설을 돌림노래 형식으로 반복하여 노래하게 되므로 십인십색(十人十色) 다양한 사설이 끝도 없이 이어질 개연성이 높다. 〈오돌또기2〉는 공연에 소요되는 적정시간을 염두에 두고 정연하게 다듬어진 노래이다. 본격적인 노래에 들어가기 전에 '둥그데 당실 둥그데 당실 여도

---

101 玄容駿·金榮敦, 『韓國口碑文學大系 9-3: 濟州道 西歸浦市·南濟州郡篇』, 韓國精神文化研究院, 1983, 543쪽.

당실 연자 버리고 달도 밝고 내가 머리로 갈까나'라는 렴을 먼저 불러 목청을 가다듬고 주의를 환기시키고 있다.

〈오돌또기〉는 1연을 제외한 2연부터는 돌아가면서 즉흥적으로 사설을 붙여 나간다. 평소의 생각이나 감정, 하루의 일과, 순간적인 깨달음 등 떠오르는 대로 노래하기 때문에 대체로 일상적이고 평이한 어휘를 사용한다. 그래서 쉽게 공감할 수 있고 해석의 어려움도 없다.

> 오돌또기 저기 춘향 나온다
>
> 돌도 밝고 내가 머리로 갈까나
>
> 둥그대 당실 둥그대 당실
>
> 느도 당실 연주 머리로
>
> 돌도 붉고 내가 머리로 갈까나

진성기의 『남국의 전설』에 수록된 〈오돌또기〉이다.[102] 1956년 당시 68세인 박우상의 노래를 채록하면서 현지에서 파악한 내용을 바탕으로 '오돌또기'는 할미꽃[老姑草], '춘향'은 기생, '내가 머리로 갈까나'는 내가 선두로 가겠다, '둥그대당실'은 어린기생(童妓)이 커서 부인에 마땅하니(堂室), '연주머리로'는 얹은머리[圓者] 으로 해석했다.[103]

---

102 秦聖麒, 『南國의 傳說』, 一志社, 1959.

103 秦聖麒, 『南國의 傳說』, 一志社, 1959, 171쪽.

홍정표는 '오돌또기'는 할미꽃, '춘향'은 미덕을 겸비한 여성으로 보고 좀 더 구체적인 해설을 해 놓았다. "오돌또기는 머리를 꼭 숙여 님을 향한 일편단심 흩어진 생각이 없는 점이 춘향이 같고 뭇 꽃은 오히려 환한 색채와 향기로서 더욱 농염함을 보이고 나비와 벌들의 유혹을 끌게 하되 오돌또기는 점잖은 색채와 그윽한 향기로 찾아야 할 벌을 맞으면 비교적 단시일에 어우러지니 그 절개가 굳굳함이 춘향이 같다."[104]고 하였다. 또, 전통사회에서는 총각이나 처녀나 머리를 땋아 등에 내려 흘리고 다니다 혼인을 하려면 남자는 상투를 말아 올리고 처녀는 두 갈래로 땋아 둥그렇게 말아 올렸는데, 둥글게 말아 올려 얹은머리를 '원자머리'라고 하였다. 머리의 변형장식으로 처녀에서 어른이 되었다는 것을 사람들에게 알리는 일은 인생에 있어서 지대한 일로 여겼다. '느도 당실 연주머리로 돌도 밝고 내가 머리로 갈까나'는 둥글게 말아 올려 원자머리를 얹은 여성이 달이 밝으니 먼저 달구경을 나간다는 말이라고 해설하였다. 이처럼 오돌또기를 풀이나 꽃으로 보는 경우는 '오돌또기'를 풀이나 할미꽃의 제주방언으로 보고, 이들과 춘향(양)의 아름다움을 연결시켜 설명하였다.

진성기와 홍정표가 1950년대 현지조사한 내용을 바탕으로 '오돌또기'를 '할미꽃'이라고 한 이후로도 '오돌또기'에 대한 해석은 다양하게 나왔다. 김영돈은 강릉 〈오독데기〉와 관련하여 오돌또기를 '다섯 번 꺾어 부른다.'는 뜻으로 '동·서·남·북·중앙의 오도를 떼

---

104 洪貞杓, 『濟州道民謠解說』, 省文社, 1963, 38쪽.

기(개척)한다.'는 뜻이라고 하였다.[105] 이 외에도 많은 해석들이 나왔는데 이 중에서 오돌또기를 사람으로 보는 경우가 주목된다. 오돌또기를 사람으로 보는 경우 대개 전설 속 인물 또는 인물의 이름이나 별명으로 해석하고 있다. 조영배는 오돌또기를 '춘향'으로 보고 '오돌또기야 저기 춘향이 나오는 것을 보아라.' 또는 '오돌또기라는 저기 춘향이 나오는 것을 보아라.' 정도로 해석하였다.[106]

노래제목이 〈오돌또기〉로 알려지다 보니 '오돌또기'의 뜻이 무엇인가에 대한 여러 논의가 있었다. 또한 사람들은 1연과 렴만큼은 언제나 고정적인 사설을 벗어나지 않으면서도 어휘를 조금씩 다르게 부르고 있기 때문에 관심은 더욱 커진다. '춘향'·'춘양', '내가 머리로 갈까나'·'제가 머리로 갈까나', '냇가 머리로 갈까나', '여도 당실'·'이야도 당실'·'느도 당실'·'너도 당실', '연즈버리고'·'연저버리고'·'연자버리고' 등 각양각색의 어휘를 구사한다. 가창자가 어떤 어휘를 선택하는가에 따라 해석은 다양해질 수밖에 없다.

〈오돌또기〉의 뜻이 무엇인지, 어떤 노래인지 명확히 밝힐 수는 없는 상황에서 신재효본 〈흥부가〉와 〈가루지기타령〉에 오늘날 제주도에서 불리는 〈오돌또기〉 사설과 비슷한 사설이 등장하고 있어 관심을 불러일으켰다.

---

105 제주도, 『제주도무형문화재 조사보고서』, 1986.

106 趙泳培, 『濟州道 民俗音樂: 通俗民謠研究篇』, 신아문화사, 1991.

〈흥부가〉

또 한년 나오면서

<u>오돌쏘기 춘향춘향 월의달은 발고 명랑한듸 여거다 져거다 연져바리</u>
<u>고</u> 마리못된 경이로다. 만첩청산 쑥쑥들어가서 후여진 버드나무 손으로
주룰을 홀터다가 물의다 둥덩둥덩 실실실여긔다 여긔다 연져발이고 마리
못된 경이로다

〈가루지기타령〉

한연을 나서며

<u>오돌또기 츈양츈양 워월의 달은 발고 명낭한듸 여긔다 져긔다 연져버</u>
<u>리고 마리못든 경이로다</u> 萬疊靑山을 숙숙 들어가서 늘어진 버들나무 드
립써 덥썩 휘어줍고 손으로 줄을을 홀터다가 물의다 둥둥 씌어두고 <u>둥덩</u>
<u>덩실 둥덩덩실 여긔다 져긔다 연져버리고 마리못된 경이로다</u>

　얼핏 보기에도 〈흥부가〉와 〈가루지기타령〉의 사설이 〈오돌또
기〉의 사설과 매우 유사하다는 것을 알 수 있다. 사설의 첫머리 '오
돌쏘기 춘향춘향 월의달은 발고 명랑한듸 여거다 져거다 연져바리
고'와 '오돌또기 츈양츈양 워월의 달은 발고 명낭한듸 여긔다 져긔
다 연져버리고' 대목은 〈오돌또기〉의 '오돌또기 저기 춘양나온다
달도 밝고', '여도 당실 연자버리고' 부분과 매우 유사하다. 또한 '둥
덩둥덩 실실실', '둥덩덩실 둥덩덩실'은 '둥그대당실 둥그대당실'
하는 부분과, '연져발이고', '연져바리고'는 '연저버리고', '원주버
리고', '연자버리고' 하는 〈오돌또기〉의 렴과 비슷하다. 사설의 상

당 부분이 비슷하다는 점에서 판소리에 삽입된 이 부분은 당대에 널리 유포되었던 인기 있는 사설임이 분명해 보인다. 하지만 〈흥부가〉나 〈가루지기타령〉의 삽입가요들이 어떤 가락으로 불렸는지 알 수 없으므로 제주도 〈오돌또기〉와의 관계를 밝히는 것은 다소 어려움이 있다.[107]

제주도에는 〈오돌또기〉가 어떤 노래인지를 말해 주는 전설이 전승되어 오고 있다. 사건을 중심으로 요약하면 다음과 같다.

임진왜란 무렵 제주도의 한 어민으로 김복수가 살았다. 어느 날 고기 잡이 나갔다가 태풍을 만나 며칠을 표류한 끝에 간신히 안남국(安南國)에 닿았다. 외롭고 처절한 삶을 보내던 어느 날 유구(琉球)에서 표류해 온 임춘향이라는 처녀를 만났다. 이들은 표류해 왔다는 동류의식이 겹쳐 서로 사랑하게 되어 백년가약을 맺고 부부의 연을 맺어 삼남삼녀를 두게 되었다.

그러던 어느 날 일본의 사자가 안남국을 찾아왔다. 고향이 그리운 김복수는 사자를 따라서 일본으로 건너갔다. 그곳에서 우연히 유구국의 사자 임춘영을 만나게 되었는데 사랑하는 아내 임춘향의 동생이었다. 그와 함께 유구로 돌아가는 도중에 김복수는 한라산을 보게 되었다. 김복수는 부모님과 고향에 대한 그리움이 사무쳐 제주도에 상륙하고 말았다.

그로부터 김복수는 안남에 남겨 둔 처자 행각이 애틋하여 날마다 높은 동산에 올라 남쪽 바다를 바라보면서 〈오돌또기〉를 부르곤 했다. 그리하여 〈오돌또기〉는 임춘향을 그리는 노래가 되었다.[108]

---

107 제주도 편, 『제주민요의 이해』, 제주도, 2000, 134~135쪽 참고.
108 제주도 편, 『제주민요의 이해』, 제주도, 2000, 143쪽.

멀리 이국땅에 사랑하는 처자식을 두고 떠나온 김복수는 〈오돌또기〉를 부르며 그리움을 달랬고, 애틋한 사연을 담은 노래는 사람들에게까지 널리 불리게 되었다는 것이다. 1956년 박우상이 구술한 '오돌또기와 김복수' 전설[109]에는 김복수가 중산간 마을에 살았던 총각으로 과거 길에 올랐다가 풍랑을 만나 안남국에 표류한 것으로 나온다. 그 다음 이어지는 내용은 이 전설과 같다. 김복수의 신분과 풍랑을 만난 동기가 다를 뿐 동일한 화소를 지닌 전설이 널리 불린 것으로 보아 제주사회에 광범위하게 유포되었다고 생각되는데, 거기에는 〈오돌또기〉 민요가 한몫 했을 것으로 보인다.

최근 오돌또기 전설의 유래와 배경을 알려 주는 「김복수전」이 발굴되었다. 「김복수전」은 제주 출신으로 안남에 표류하여 40여 년 만에 고향으로 귀환한 김복수의 기이한 행적을 전(傳)으로 남긴 것이다. 강준흠(姜浚欽, 1768~1833)이 제주 출신 변경우(邊景祐, 1745~1836)에게서 제주도에는 널리 알려져 있었지만 서울에는 알려지지 않은 표류인 김복수에 관한 이야기를 전해 듣고 강한 흥미를 느껴 기록으로 남겼고, 목만중이 거기에 윤색을 가미하여 전(傳)으로 지은 것으로 추정되고 있다. '김복수가 안남에 두고 온 처자식을 그리워하며 노래를 지어 불렀는데 그 음이 매우 슬펐다(南望作歌以寫意 其音甚悲)'는 내용이 들어 있다. 「김복수전」은 오늘날까지 제주도에서 전승되는 오돌또기 설화와 일치한다.

〈오돌또기〉는 사랑과 이별, 그리움 등이 제주의 아름다운 자연

---

109 秦聖麒, 『南國의 傳說』, 一志社, 1959, 252~255쪽.

풍광에 얹혀 불리는 노래이다. 오늘날 전승되는〈오돌또기〉는 산포조어(山浦釣魚), 성산일출(城山日出), 사봉낙조(沙峰落照) 등 영주십경(瀛州十景)과 한라산 중허리, 서귀포 해녀 등 관련되는 제주도의 승경이 주로 나열된다.

IV

제주민요의
음악적 특징

제주민요는 제주지역에서 불리는 민요로 제주 서민들의 삶과 생각을 담고 있다. 고된 노동이 많았던 제주였기에 노동요의 수가 많은데, 간혹 의식요나 유희요 등 특정한 목적을 가지고 불린 노래를 찾아볼 수 있다. 이러한 제주민요의 음악적인 특징은 선율이나 박자구조 등이 육지보다 매우 다양하게 나타난다. 육지의 것과 비슷한 형태를 보이는 것도 있고, 육지에서는 전혀 찾아볼 수 없는 색다른 모습을 가진 민요들도 존재하는 것이다. 이는 마치 제주민요가 제주가 가진 섬이라는 지리적인 특수성과 탐라국에서 고려와 조선에 예속되며 정치·사회·문화적인 영향을 받아온 역사적 배경들을 대변해 주고 있는 것 같다.

　민요는 일반 서민들이 부르던 것이지만 이 중에서도 몇몇은 특정 계층이 주도적으로 불렀다. 그들은 주로 노래를 업으로 삼아 살았던 사람들인데, 가장 대표적인 집단이 관기이다. 관기는 나라에서 관리하는 전문 예술인으로서 관청에 소속되어 체계적인 교육을 받고 각종 행사와 연희에 참여하였다. 제주에서는 제주목과 대정현, 정의현에 관청이 있었기에 관기 역시 그곳에 있었음을 쉽게 예측할 수 있다.

　제주의 관기에 대해서는 『남사일록(南槎日錄)』의 기록이 있다. 1679년(숙종 5년)에 어사로 임명되어 약 5개월 동안 제주에 체류했던 이증(李增, 1628~1686)이 남긴 이 책에 따르면, 제주목의 관청에 '장춘원'이 있고, 이곳에서 "기생(妓生), 교방(敎坊), 악공(樂工)은 관노(官奴)에서 골라 정하고, 연희에 쓰이며 망궐례(望闕禮)에 전갈 받아 참여한다. 기생은 지금 55명이라고 한다."[110]로 기록되어 있다. 정의현과 대정현의 기생 수에 대한 정확한 기록은 찾을 수 없지만, 각각의 관노비를 66명[111]과 84명[112]으로 밝히고 있어 정의현보다 대정현의 기생 수가 더 많았을 것으로 추측할 수 있다.

기생들이 부르던 민요는 유흥을 목적으로 한 가창유희요이다. 가창유희요 부르기에 주도적인 역할을 하던 제주의 관기들은 1801년 (순조 1) 공노비가 해방된 뒤에도 대략 1914년경까지 계속 존속했던 것으로 보인다.[113]

관기들이 사라진 이후로는 노래에 소질이 있는 일반인들 사이에서 가창유희요가 불리게 되었다. 1950년대 이후부터 각종 민속대회와 민요조사 작업 등이 진행되면서 〈ᄀᆞ레ᄀᆞ는소리〉, 〈방아소리〉, 〈해녀소리〉 등의 노동요와 함께 유희요에도 뛰어난 부영민, 김금련, 김주옥, 조을선, 이선옥 등의 소리꾼이 이름을 알리게 되었고, 1989년에 〈오돌또기〉, 〈산천초목〉, 〈봉지가〉, 〈ᄀᆞ레ᄀᆞ는소리〉 등이 '국가무형문화재 제95호 제주민요'로 지정되면서 성읍지역 출신인

---

110 李增 著·金益洙 譯,『南槎日錄』, 제주문화원, 2001, 113쪽.

111 李增 著·金益洙 譯,『南槎日錄』, 제주문화원, 2001, 135쪽.

112 李增 著·金益洙 譯,『南槎日錄』, 제주문화원, 2001, 148쪽.

113 1801년 이후에 거의 모든 노비호가 노비 신분에서 해방되었지만, 관노비(官奴婢)와 교노비(校奴婢)만은 1898년의 기록에서까지도 끈질기게 존속하고 있음을 알 수 있다.(金東栓,「朝鮮後期 濟州島 住民의 身分構造와 그 推移」,『國史館論叢』第65輯, 국사편찬위원회, 1995, 191~225쪽.) 제주도가 제주·대정·정의의 삼주현(三州縣)으로 분립되었던 시기를 1416~1914년으로 밝히고 있기에 대략 1914년까지 정의현에 소속된 관기들이 있었을 것이라 유추할 수 있다.(제주도 편,『제주민요의 이해』, 제주도, 2000, 145쪽 참고.)

조을선이 보유자로 인정받아 현재는 이들 민요가 제주민요보존회로 이어져 전승되고 있다. 제주의 가창유희요는 전문소리꾼의 노래였지만 그 집단이 사라지면서 일반 서민들이 노동요와 함께 부르게 되었고, 이러한 이유로 현재 제주의 가창유희요는 대개 통속민요로 분류되지만 필요에 따라 향토민요로 분류되기도 한다.

　제주의 가창유희요라 불리는 노래들은 특히 음악적으로 육지와의 연관성을 가진 경우가 많고, 대부분 조선시대 관청이나 포구가 있었던 한정된 지역에서 나타나기에[114] 제주로 파견된 관리들을 따라 육지에서 들어온 기생들이나 육지와 교류를 하던 사람들에 의해 사당패소리가 전해져 제주의 가창유희요에 영향을 준 것으로 보는 것이 현재까지의 일반적인 견해이다. 특히 〈오돌또기〉는 과거 유랑예인 집단인 사당패가 부르던 〈오독도기〉가 향토민요나 탈춤의 삽입가요 등으로 수용되고, 제주에서는 가창유희요로 수용되었다고 알려져 있다.[115] 그러나 최근에 1793년에 기록된 「김복수전」이 〈오돌또기〉 배경전설로 소개되면서 〈오돌또기〉가 원래 제주에서부터 발생한 민요일 가능성도 다시 열리게 되었다.[116] 〈오돌또기〉는 가

---

114 조영배 편, 『태초에 노래가 있었다! 1.제주 본도(本道) 창민요·의식요·자장가 편』, 민속원, 2009, 56쪽.

115 이보형과 손인애의 선행연구가 대표적이다.(이보형, 「오독도기소리 연구」, 『한국민요학』제3집, 한국민요학회, 1995; 손인애, 「오독도기 계통 소리 연구」, 『한국민요학』제19집, 한국민요학회, 2006.)

116 안대회, 「餘窩 睦萬中의 표류인 전기 「金福壽傳」 연구: 제주 민요 〈오돌또기〉와의 관련성을 포함하여」, 『한국문화』제68집, 奎章閣韓國學研究院, 2014, 61~84쪽.

창유희요 중에서도 제주 전역에 퍼져 있고, 독자적인 배경전설이 존재하며, 문헌에 의해 17세기 말엽이나 18세기 중반기에 이미 제주에서 널리 불린 것이 추정되는 만큼 제주에서 자생한 노래일 가능성도 재고할 필요가 있어 보인다.

지금까지 제주민요에 대한 음악학적 연구는 조영배의 성과를 제외하면 전반적이고 지속적인 경우를 찾아보기 어렵고, 단편적이거나 필요에 따라 몇몇 특징을 짧게 언급한 것이 대부분이다. 때문에 아직까지 제주민요의 공식적 음악문법[117]이 무엇인지에 대한 학계의 합의가 이루어지지 않았는데, 최근에 제주민요의 음조직에 주목하여 기존 연구성과를 토대로 그 특성을 명확히 규정하고자 하는 시도들이 이루어지고 있다.[118]

이 장에서는 국가무형문화재로 지정된 제주민요 개별 곡들에 대한 음악적 분석을 통해 미시적인 음악적 특징과 현재의 전승모습을 보여 주는 것에 목적을 두어 추후 이루어질 귀납적 연구를 위한 자료축적의 역할을 하고자 한다. 주요 대상 자료는 2018년 4월 20일 제주 서귀포시 표선면 성읍민속마을에 위치한 무형문화재 전수교육관에서 연행된 제주민요이고, 1991년에 보유자 조을선 및 창자들의 모습을 기록한 제주민요 영상과 기타 음향자료들을 참고자료

---

117 가창자들이 체득하고 있는 음악요소를 활용하여 새로운 표현을 창출할 때 사용하는 일정한 음악적 통사체계와 어휘들을 '공식적 음악문법'이라 한다.(김혜정, 『여성민요의 음악적 존재양상과 전승원리』, 민속원, 2005, 57쪽)

118 이보형, 「전통적 토리 특성에 의한 제주도 토리 연구 방법론」, 『한국음반학』제28권, 한국고음반연구회, 2018; 신은주, 「제주민요 음조직에 대한 연구 검토 및 제언」, 『한국음악사학보』제62권, 한국음악사학회, 2019.

로 활용하였다.[119]

한편, 무형문화재로 지정된 민요 외에도 〈따비질소리〉, 〈검질매는소리〉, 〈방에짛는소리〉, 〈해녀소리〉, 〈촐비는소리〉 등 제주만의 특색을 드러내는 다양한 제주의 민요들이 존재한다. 민요가 불리는 현장이 사라지면서 이들 민요도 함께 사라질 위기에 처했다. 따라서 더 다양하고 많은 제주의 민요를 보존하고 전승하려는 노력이 필요하다.

1. 〈ᄀ레ᄀ는소리〉

〈ᄀ레ᄀ는소리〉는 제주에서 발생한 고유의 노래이다. 여인들이 주로 밤 시간대에 오랫동안 맷돌을 돌리면서 부르던 노래이기에 선율은 비교적 조용하고 도약 없이 물 흐르듯 진행된다. 대부분 4·5조로 된 노랫말을 가지고 있으며,[120] 생활과 직접 맞닿아 있는 가사

---

119 "제주민요-국가중요무형문화재 제95호", KTV, 1991;《제주도 민요7》, 국립문화재연구소, 2007;《한국민요대전-제주도편》, MBC, 1991;『한국구비문학대계』 사이트, 장서각 디지털아카이브(https://gubi.aks.ac.kr/); 한국민요대관 사이트, 장서각 디지털아카이브(http://rinks.aks.ac.kr/site/KFS);《존레비 콜렉션 한국음악선집 Vol.6. 제주민요》, UNIVERSAL, 2010;《북한민요전집》, MBC, 2004.

120 〈ᄀ레ᄀ는소리〉는 '이여이여 이여도ᄒ라'를 빼면 4·5조의 2음보 1행씩의 4행으로서 2행적 의미를 지니는 것이 정형이다.(김영돈, 『제주도 민요연구』 하권, 민속원, 2002, 124쪽.)

에 따라 흘러나오는 제주 여인들의 정서를 반복적인 선율로 풀어내고 있다.

〈ᄀᆞ레ᄀᆞ는소리〉는 〈봉지가〉, 〈산천초목〉 등의 가창유희요들과는 달리 특정한 일을 하면서 부르는 노동요이기에 창자가 노래의 주인이 되어 자신의 호흡에 맞춰 자유롭게 선율과 박자를 결정하게 된다. 그러므로 시대, 지역, 창자와 상황에 따라 채집된 녹음자료들도 각기 다양한 모습을 보인다.[121] 하지만 대개 4·5조로 이루어진 가사에 하행하는 선율을 가지며, 4음절과 5음절 사이에 낮은음으로 '어~' 등으로 불리는 무의미하고 비교적 짧은 선율구가 포함된다.

제주민요보존회가 부른 〈ᄀᆞ레ᄀᆞ는소리〉는 국가무형문화재로 지정된 노래를 바탕으로 전수되고 있기에 정형적인 틀이 더욱 갖추어진 형태이고, 향토민요의 특징을 가지면서도 1960~1980년대에 수집된 노래들보다 더 고정화되고 꾸밈음 등에서 전문화된 느낌을 준다.

1) 가창방식 및 형식

〈ᄀᆞ레ᄀᆞ는소리〉의 가창방식은 독창·선후창·교창 등으로 소개되

---

121 《한국민요대관》 음원에서 제주도 북제주군 구좌읍 김녕리의 박순덕 등이 부른 〈맷돌질소리〉는 매우 이례적으로 굿거리장단 속도의 3소박 4박 틀에 맞춰 불리기도 하는데, 선율이 〈서우젯소리〉와 닮았고, 이 음원의 앞뒤로 녹음된 동일한 창자들의 〈맷돌질소리〉가 대부분의 〈ᄀᆞ레ᄀᆞ는소리〉처럼 느리고 멜리스마틱하게 부르는 모습을 보여 3소박 4박으로 불린 앞의 경우는 일반적이지 않은 사례로 여겨진다.(『한국구비문학대계』 사이트, 제주도 북제주군 구좌읍 김녕리, 박순덕 외, 〈맷돌질소리〉(http://yoksa.aks.ac.kr/jsp/um/SoundListen1.jsp?um10no=m-su_5962&um20no=0798_08_5962))

는데,[122] 2018년에 연행된 〈ᄀᆞ레ᄀᆞ는소리〉는 선소리의 교환창과 선소리와 훗소리가 교창되는 방식이 혼합된 형태로 불린다.[123] 두 명의 선소리꾼이 번갈아 선소리를 부르면 여러 명이 훗소리를 받는 식이다. 이때 선소리와 훗소리는 대개 교창으로 서로의 끝을 물고 시작된다. 한편, 조을선의 1991년 영상[124]에서는 선소리꾼 한 명과 다수의 훗소리꾼들이 선소리와 훗소리를 메기고 받으며 부르는데, 노래 전체가 촬영되지 않아 모두를 확인하기는 어렵지만 촬영본에 한하여 선소리는 각 마디의 끝음을 현재보다 짧게 끊어서 훗소리가 선소리를 물지 않도록 하는 반면, 훗소리의 끝박을 대부분 ♪♬ 리듬으로 받아 물고 다음 절의 첫 박을 노래한다. 노래의 속도는 창자와 선율에 따라 변화하는데, 선소리는 M.M.♩=70~90대로 조금 빠르게 부르고, 훗소리는 M.M.♩=60~70대로 조금 느리게 불러, 현재 선소리와 훗소리의 속도가 대략 M.M.♩=70~80대로 비슷하게 부르는 것과는 약간의 차이를 보인다. 또한 1991년에는 선소리에 즉흥적인 선율이 자주 포함된다.

〈ᄀᆞ레ᄀᆞ는소리〉의 형식은 절과 후렴이 있는 유절형식이다. 하나

---

122 김영돈, 『제주도 민요연구』 하권, 민속원, 2002, 124쪽.

123 가창방식에 대한 용어는 김혜정의 『민요의 채보와 해석』에서 정리된 내용을 따랐다. 이는 앞서 김영돈이 설명한 창법의 개념과 조금 다른 부분이 있는데, 김영돈은 '선후창'과 '교창'을 받는소리가 후렴인지 아닌지에 따라 구분하였다. 반면 김혜정은 '교창'을 "번갈아가며 부르는 방식인데 선후창과 다른 점은 소리가 겹치는 부분이 있다는 점이다."로 설명한다.(김영돈, 『제주도 민요연구』 하권, 민속원, 2002, 125~132쪽; 김혜정, 『민요의 채보와 해석』, 민속원, 2013, 168~175쪽.)

124 "제주민요-국가중요무형문화재 제95호", KTV, 1991.

의 절 안에는 선소리와 홋소리가 짝을 이루고, 2018년에 연행된 노래는 15절까지 이어진다. 선소리와 홋소리는 가사에 따라 약간의 차이를 보이는 것을 제외하면 같은 선율이 반복되는 형태이기에 각각을 하나의 단락으로 구분할 수 있다.

2) 음조직 및 표현방식

〈ᄀ레ᄀ는소리〉의 음계는 '도-레-미-솔-라'이고, 종지음은 '도'이다.[125] 정격 '도' 선법으로 볼 수 있는 〈ᄀ레ᄀ는소리〉의 선율은 순차진행하는데, 2018년[126]에는 '라'음이 한 번도 등장하지 않고 선율이 주로 '도-레-미'를 중심으로 움직인다. 또한 구성음의 앞뒤로 여러 개 음으로 이루어진 꾸밈음이 거의 고정화된 형태로 붙는다. 반면, 1991년 영상에서는 선소리꾼이 첫 박 '미'의 꾸밈음으로 '라'를 사용하였고, 『한국구비문학대계』 사이트와 《제주도 민요》의 1960~1980년대 음원에서는 '라-솔'이나 '도′-라'의 선율 진행이 자주 등장한다. 1991년과 2018년의 영상과 같이 국가무형문화재로 지정된 이후의 〈ᄀ레ᄀ는소리〉는 첫음을 주로 '미'로 시작하여 '도-레-미' 위주로 선율이 진행되는데, 1960~1980년대 수집 음

---

125 분석에 활용한 음조직론은 김영운의 이론을 토대로 하였다. 그리고 본 장에서 사용되는 용어 '음계'는 곡에 포함된 구성음을 한 옥타브 내로 계단처럼 쌓아 올린 형태를 말하는 단순한 의미이다.(김영운, 「韓國 民謠 旋法의 特徵: 旣存 硏究 成果의 再解析을 中心으로」, 『韓國音樂硏究』제28집, 韓國國樂學會, 2000.)

126 "국가무형문화재 제95호 제주민요", 국립무형유산원, 2018.

원에서는 '솔'이 첫음으로 나타나는 경우도 많아 비교적 높은음들이 출현한다.[127] 그리고 2018년의 영상을 제외한 대부분의 음원에서 '도'의 음고가 약간 높게 올라가서 '도'와 '레' 사이가 반음에 가깝게 불리는데, 이러한 현상은 다른 제주민요나 제주도 무가에서도 찾을 수 있기에 이를 일시적인 것으로 보기는 어렵다.[128] 다만, 2018년의 모습은 현재 우리 사회의 전반적인 음악문화가 서양화된 상황이기에 이러한 제주 민속음악의 특성이 점차 사라지고 평균율화되는 추세에 기인한 것으로 여겨진다.

---

[127] 『한국구비문학대계』 사이트, 제주도 남제주군 표선면, 조을선·이선옥, 〈맷돌노래(1)〉(http://yoksa.aks.ac.kr/jsp/ur/SoundListen.jsp?ur10no=tsu_2467&ur20no=Q_2467_2_01A); 『한국구비문학대계』 사이트, 제주도 남제주군 표선면, 조을선·이선옥, 〈맷돌노래(2)〉(http://yoksa.aks.ac.kr/jsp/ur/SoundListen.jsp?ur10no=tsu_2467&ur20no=Q_2467_2_07A); 『한국구비문학대계』 사이트, 제주도 남제주군 표선면, 조을선·이선옥, 〈맷돌노래(3)〉(http://yoksa.aks.ac.kr/jsp/ur/SoundListen.jsp?ur10no=tsu_2468&ur20no=Q_2468_1_01A); 〈맷돌질 소리1〉, 《제주도 민요3》, 국립문화재연구소, 2007; 이경일·홍여수·변여옥, 〈맷돌질 소리2〉,《제주도 민요3》, 국립문화재연구소, 2007; 김정반, 〈맷돌질 소리3〉, 《제주도 민요3》, 국립문화재연구소, 2007; 〈맷돌질 소리4〉,《제주도 민요3》, 국립문화재연구소, 2007; 〈맷돌질 소리5〉,《제주도 민요3》, 국립문화재연구소, 2007; 〈맷돌질 소리6〉,《제주도 민요3》, 국립문화재연구소, 2007.

[128] '도'의 음고가 높게 불리는 것을 '도#레미솔라'로 '도#'선법의 특수구조 음계로 따로 지칭하여 제주도 민요의 원초적인 음조직 특징을 잘 보여주는 현상으로 설명하기도 한다.(조영배, 「제주도 민요의 음악양식 연구」, 한국정신문화연구원 한국학대학원 박사학위논문, 1997, 179~180쪽;『한국민족문화대백과사전』'제주민요'(http://encykorea.aks.ac.kr/Contents/SearchNavi?keyword=제주민요&ridx=1&tot=3).) 또한, 제주도 민요뿐 아니라 무가에서도 이런 현상이 나타나는 것을 볼 수 있는데, 무가의 유형을 가리지 않고 '도'가 '도#' 가까이로 높게 불리는 현상이 나타난다. 이는 창자에 따라서 지속적으로 반복되기도 하고, 평균율에 가깝게 부르는 것과 혼용되거나 한두 번만 나타나기도 한다.(구체적인 예시는 황나영, 「제주 칠머리당 영등굿의 음악적 구성과 특징」, 한양대학교 석사학위논문, 2011. 악보 참조.)

[악보 1] 〈ᄀ레ᄀ는소리〉의 음조직

☐ : 종지음

2018년에 연행된 〈ᄀ레ᄀ는소리〉는 선율을 기준으로 선소리에 해당하는 1단락과 홋소리에 해당하는 1단락이 모여 1절을 이루고 15절까지 불린다. 이를 기호로 나타내면 '{선소리(a+b+c) + 홋소리(a+b+c)} × 15절'이 된다.[129] 중심이 되는 a·b·c 선율의 골격선율은 각각 '미-레-도', '도-레', '미-레-도'로 볼 수 있고, 길게 뻗어 나가는 골격음의 앞뒤로 빠르게 움직이는 꾸밈음 선율들이 더해진다. 또한 교환창과 제창의 목소리가 엇갈리면서 음색과 음량이 대비되어 반복적인 선율에 헤테로포니(heterophony)의 풍성함과 역동감을 느낄 수 있다.

[악보 2] 〈ᄀ레ᄀ는소리〉 1절의 선율 및 구조

구분		1991년	2018년
선소리	a	♩=72 8.289	♩=70
	b	♩=76 3.945	♩=81
	c	♩=98 5.472	♩=84

---

129 선소리와 홋소리 선율이 창자와 상황에 따라 미세하게 달라지기는 하지만 이는 민요의 특성으로 보고 골격선율이 같기에 같은 a+b+c선율로 표시하였다.

3) 장단 및 박자구조와 가사붙임새

〈ᄀ레ᄀ는소리〉는 정해진 박이 없는 노래라고 말한다. 2018년에 전수교육을 통해 노래를 익힌 창자들 역시 실제로 박을 인식하거나 의도하지 않는다. 창자의 솔직한 감정을 드러내는 노래이기에 호흡에 따라 숨을 내쉬면서 자연스럽게 가사와 선율이 흘러나오도록 두는 것이 편안하고, 진솔한 자신의 감정을 표현하기에 더욱 적합하다.

그러나 창자들이 호흡에 따라 선율을 늘이거나 줄이면서도 일정하게 나타나는 내재박이 발견되기도 한다.[130] 먼저 생활 속에서 오랜 기간 맷돌을 돌리며 노래를 부른 경험이 있는 창자들의 경우를 살펴보면, 보유자 조을선이 선소리를 맡은 1991년 영상의 〈ᄀ레ᄀ는소리〉는 내재박이 기본적으로 2소박에 맞는다.[131] 육지의 민요는 3소박으로 불리는 경우가 대부분인 만큼 제주지역 고유민요인 〈ᄀ레ᄀ는소리〉가 2소박으로 불리는 것은 유의미한 특징일 수 있다.[132]

---

130 〈ᄀ레ᄀ는소리〉의 내재박을 알기 위해서는 사례별로 살펴볼 수밖에 없는데, 같은 창자가 부른 노래도 사례에 따라 다르게 나타날 수 있기에 내재박을 고정적인 것으로 보기는 어렵다. 추후 많은 사례를 토대로 한 연구가 필요하다.

131 1991년의 노래는 5절 선소리까지만 확인이 가능하다. 그 이후에 나오는 5절 훗소리는 편집되어 기록되었고, 이어지는 6절 선소리는 첫 장단의 후반부까지만 녹화되었다. KTV의 원본을 확인한 결과, 남아 있는 원본 역시 전곡이 기록되지 않고 해당 부분에서 잘리는 것으로 나타났다.("제주민요-국가중요무형문화재 제95호", KTV, 1991.)

132 한국 민요에서 나타나는 소박의 형태는 3소박이 가장 우세하며, 2소박의 사용은 극히 적은데, 대부분 빠르게 부르는 노래에서 나타난다.(김혜정, 『민요의 채보와 해석』, 민속원, 2013, 134쪽) 〈ᄀ레ᄀ는소리〉의 경우는 속도가 그렇게 빠르지 않으면서도 2소박으로 불리기에 이는 제주민요만의 특징으로 해석할 여지가 있다. 추후 더 많은 사례를 통한 연구가 필요할 것으로 보인다.

a·b·c선율에 내재된 박은 선소리와 훗소리가 약간의 차이를 보이지만 전반적으로는 a선율이 대략 9~10박으로 가장 길고, 다음으로는 c선율이 8~9박, 가운데 b선율이 4~5박으로 가장 짧게 나타난다.[133] 즉, 박의 길이는 불규칙하지만 박자구조는 규칙적인 형태이다.[134] 이처럼 각 선율 안에 내재된 박자는 선소리와 훗소리로 구분되는 한 단락을 기준으로 일정한 순서에 따라 반복된다.

[악보 3] 1991년 〈그레그는소리〉 악보

ㄱ 레 ㄱ 는소리

---

133 박자는 한 호흡으로 불리는 선율 내에서 한 박으로 생각되는 리듬을 기준으로 다른 음가들의 시간을 재어 정리한 것인데, 창자들이 의식적으로 박을 세면서 노래한 것은 아니기에 수치에 약간의 차이가 있을 수 있다.

134 김혜정, 『민요의 채보와 해석』, 민속원, 2013, 135~138쪽 참고.

'미'가 단2도 높아지면서 실음은 단3도 아래가 됨

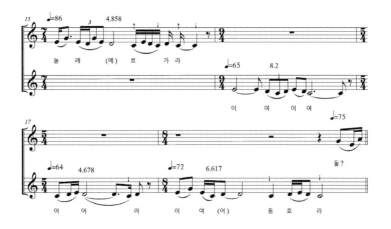

한편, 2018년에 전수교육을 통해 학습한 창자들의 〈ᄀ레ᄀ는소리〉는 내재박이 2소박과 3소박을 넘나드는 경향을 보인다. 더욱이 선소리꾼이 두 명이기에 창자의 특성에 따른 차이가 나타나기도 하는데, 홀수절을 부른 선소리꾼1은 대체적으로 2소박에 가깝게 노래하는 반면, 짝수절을 부른 선소리꾼2는 대부분 3소박으로 노래한다. 이렇게 판단한 대표적인 근거는 한 박(♩)을 세 음으로 노래하는 부분에서 선소리꾼1은 ♪♫의 리듬으로 부르는 경우가 많고, 선소리꾼2는 ♫♩로 부르는 경우가 많기 때문이다. 이러한 리듬의 차이는 노래를 들을 때 매우 짧게 느껴질 수 있지만, 선율 전체의 속도를 다르게 인식하도록 만들기도 한다. 예를 들어, 2소박 6박으로 된 b선율이 4.5초에 불린다면 한 박의 평균 길이는 0.75초가되어 이 선율의 속도는 M.M.♩=80이 된다. 그런데 이를 3소박으로 인식한다면, 4분음표 6박이 점4분음표 4박이 되어 선율의 한 박이 1.125초가 되고, 4.5초에 불리는 b선율의 속도는 M.M.♩.=53이 되는

것이다. 그런데 한 박의 길이가 정해져 있지 않기에 M.M.♩.=53에서 한 박으로 인식한 점4분음표의 단위를 2소박처럼 4분음표로 바꾸는 게 가능하고, 그러면 두 명의 소리꾼이 각자 정해진 호흡으로 같은 선율을 부를 때 2소박은 조금 빠르게, 3소박은 조금 느리게 부르는 것으로 들리게 된다.

[악보 4] 소박 차이에 따른 b선율과 c선율의 박자 및 속도 변화

구분	b선율	c선율
2소박 (74~75마디)		
3소박 (32~33마디)		

같은 노래를 2소박과 3소박으로 부를 때 나타나는 또 다른 차이점은 가사붙임새에 따른 노래의 강세가 바뀐다는 것이다. 노래의 강세는 보통 노랫말이 들어가는 부분에 생기게 되는데, 우리나라 전통음악은 주로 첫 박에 강세가 들어가기에 내재된 박의 첫 소박에 노랫말이 붙어 말과 음악의 강세가 일치하도록 하는 것이 기본적인 가사의 붙임새가 된다.[135] 그래야 듣는 사람이 박자감을 느낄

---

135 민요의 기본적인 가사붙임새에 대해서는 이보형과 김혜정 등의 논문에서도 확인할 수 있다.(이보형, 「리듬型의 構造와 그 構成에 의한 長短分類 硏究: 辭說의 律格이 音樂의 拍子와 결합되는 音樂的 統辭構造에 基하여」, 『韓國音樂硏究』제23집, 韓國國樂學會, 1995, 26~131쪽; 李輔亨, 「장단의 여느리듬型에 나타난 韓國音樂의 拍子構造硏究」, 『국악원논문집』제8집, 국립국악원, 1996, 101~156쪽; 김혜정, 「민요의 장단별 말 붙임새 유형과 교육 방안」, 『韓國民謠學』제37집, 한국민요학회, 2013, 39~67쪽.)

수 있고, 의도적으로 가사의 붙임새가 바뀔 때 규칙과 변화에 따라 느껴지는 긴장과 이완을 자연스럽게 받아들일 수 있다. 그러나 선율의 강세가 변하게 되면 악구를 포함한 선율 자체가 달라질 수 있고 가사의 전달력도 떨어지게 된다.

[악보 5] 소박에 따라 b선율의 강세가 변화한 모습

2소박	1박		2박		3박		4박		5박		6박	
74마디	어		어								언	△
3소박	1박			2박			3박			4박		
32마디	허			어						어	언	△

■ : 강세가 나타나는 부분
△ : 쉼표

[악보 6] 소박에 따라 c선율의 강세가 변화한 모습

2소박	1박		2박		3박		4박		5박		6박		7박		8박	
75마디	보		내						여		두	엉				
3소박	1박			2박			3박			4박			5박			
33마디	옷	반	(아)				(안)	반		입	나				△	

2018년에 불린 〈ᄀᆞ레ᄀᆞ는소리〉에서 이와 같은 현상이 나타난 이유는 단순히 창자 한 명의 특성이나 숙련도의 문제일 수도 있으나 문화적 환경의 변화에 따른 것으로 볼 수도 있다. 현대인들은 과거 민요를 생활 속에서 구전으로 익히던 방식과 달리 교육을 통해 접하게 되고, 오늘날 일상적으로나 교육적으로 접할 수 있는 전통음악의 대부분이 3소박으로 이루어져 있어 〈ᄀᆞ레ᄀᆞ는소리〉처럼 박자가 정해지지 않은 노래를 부를 때 창자가 의식적으로 '국악=3소박'을 공식화했거나 자신에게 더 익숙한 방법으로 노래를 이해하고 부

른 것으로 생각된다. 전체적인 선율을 두고 보더라도 1991년의 〈ᄀ
레ᄀ는소리〉에서 ♪ ♬ 또는 ♫의 리듬으로 부르던 부분이 3소박처
럼 셋잇단음표로 바뀐 모습을 종종 확인할 수 있는데, 〈ᄀ레ᄀ는소
리〉가 원래 창자의 특성에 따라 달라지는 노래이고, 특별한 음악적
제약 없이 누구나 부르던 모습을 생각한다면 이는 2소박으로 불리
던 〈ᄀ레ᄀ는소리〉가 후세대 가창자들에 의해 3소박화 되어 가는
과정으로 이해할 수도 있다.

　다음으로 〈ᄀ레ᄀ는소리〉의 가사붙임새를 살펴보면, 첫 번째 a선
율에서 특징적인 부분을 발견할 수 있다. 전반적인 〈ᄀ레ᄀ는소리〉
음원들은 '이여이여'로 부르는 첫 두 음절을 어단성장(語短聲長)[136]
으로 부르는 경우가 많은데, 국가무형문화재로 지정된 〈ᄀ레ᄀ는소
리〉를 기록한 영상들은 a선율을 부를 때 가사의 두 번째 음절이 3.5
박 또는 4박에 붙는다.[137] 이는 〈ᄀ레ᄀ는소리〉가 공연화 되면서 나

---

136 '어단성장'은 판소리나 시조 등에서 창법을 설명하는 용어인데, 전통적으로 느
　린 성악곡에서 사용하는 창법이다. 어단성장이란, 의미 있는 단어는 짧게 이
　어 붙이고 나머지 무의미한 소리는 길게 꾸며 냄으로써 음악적인 효과를 높이
　는 방법이다.(국립문화재연구소, 『서도소리: 중요무형문화재 제29호』, 민속원, 2009,
　107쪽 참조.)

137 《제주도 민요》 음반 및 『한국구비문학대계』와 『한국민요대관』에서 채집된 음
　원들도 대부분 a선율의 첫 두 음절을 붙여서 노래하는 경향이 많이 나타나는
　데, 국가무형문화재 지정 이후 『한국민요대관』 음원 중 특히 전수교육조교이
　자 홋소리꾼이었던 이선옥이 부른 노래에서 두 번째 음절의 붙임새가 달라진
　모습이 확인된다.(조을선, 〈맷돌질소리〉, 제주도 남제주군 표선면 표선리, 『한국구
　비문학대계』 사이트(http://yoksa.aks.ac.kr/jsp/um/SoundListen2.jsp?um10no=m-
　su_5960&um20no=0791_11_5960); 조을선 외, 〈맷돌질소리〉, 제주도 남제주군 표선면
　성읍1리, 1996, 『한국구비문학대계』 사이트(http://yoksa.aks.ac.kr/jsp/um/SoundLis-
　ten2.jsp?um10no=msu_5945&um20no=0776_02_5945). 따로 구분된 위의 두 음원은
　같은 동일한 음원으로 추정된다.)

타난 현상으로 생각되는데, 추후 세밀한 연구가 필요할 것으로 보인다.

[악보 7] 〈ᄀᆞ레ᄀᆞ는소리〉 선소리 구성 선율의 시대별 평균 내재박과 가사붙임새

선소리		1박	2박	3박	4박	5박	6박	7박	8박	9박	10박
a	1991	이			여	흥		난			△
	2018	이		여		랜 -말				△	
b	1991	어	어		어 △						
	2018	어	어				언 △				
c	1991	나	눈			물	난 다				
	2018	말	아			니	흥 라				

[악보 8] 〈ᄀᆞ레ᄀᆞ는소리〉 훗소리 구성 선율의 시대별 평균 내재박과 가사붙임새

훗소리		1박	2박	3박	4박	5박	6박	7박	8박	9박
a	1991	이		여		이	여			△
	2018	이		여		이	여			△
b	1991	어	어			어 △				
	2018	어	어			어 △				
c	1991	이	여			동	호	라		
	2018	이	여			동	호	라		

이상 국가무형문화재로 지정된 〈ᄀᆞ레ᄀᆞ는소리〉의 박자구조와 가사붙임새의 특징을 정리하면, 〈ᄀᆞ레ᄀᆞ는소리〉는 2소박을 바탕으로 장단 없이 부르는 노래이지만 각각 9~10박, 4~6박, 7~8박의 박자구조가 내재된 a·b·c선율이 하나의 단락으로 반복된다. a선율은 가사의 1음절과 4음절의 박이 얼마나 늘어나느냐에 따라 전체 박자의 길이가 달라질 수 있고, 2음절과 4음절은 보다 앞으로 당겨 붙을 수 있다. b선율은 1·2음절이 각각 1박과 2박에 고정적으로 붙

어 3음절이 붙는 위치에 따라 즉, 2음절의 길이가 얼마나 늘어나느냐에 따라 선율의 길이가 결정된다. c선율은 2음절과 5음절을 길게 뻗으며 노래하는데 박과 가사붙임새의 변화가 가장 적게 나타나 1·2·3·4음절이 각각 1·2·5·6박에 고정되어 불리고, 5음절은 4음절에 당겨 붙거나 7박에 붙어 전체 선율의 길이를 조절하는 역할을 한다.

[표1] 〈ᄀᆞ레ᄀᆞ는소리〉 단락의 시대별 평균 박자구조에 따라 가사가 붙는 박의 위치

구분	단락	a				b			c				
	가사	이	여	이	여	어	어	어	이	여	동	후	라
1991	선소리	1	4	5	7	1	2	4	1	2	5	6	6.25
	평균박자	10박				4박			7박				
	훗소리	1	3.5	5	6	1	2	5	1	2	5	6	7
	평균박자	9박				5박			8박				
2018	선소리	1	3.5	5	5.75	1	2	6	1	2	5	6	6.5
	평균박자	9박				6박			8박				
	훗소리	1	3.5	5	6	1	2	5~6	1	2	5	6	6.5
	평균박자	9박				5~6박			8박				

2. 〈산천초목〉

제주의 가창유희요이자 대표적인 사당패소리의 곡목으로 알려진 〈산천초목〉은 지금까지 제주에만 남아 있는 것으로 알려졌다. 경기 선소리산타령과 남도잡가 등에도 〈산천초목〉과 관련된 사설이 등장하는 노래가 있지만, 단독 곡목으로 남아 있지는 않은 상태이기에 제주에서 〈산천초목〉이 현재까지 불리는 것을 사당패소리 기원설을 바탕으로 '섬 문화 특유의 강한 수용력 및 보존력을 보여주는 실례'로 평가하기도 한다.[138]

그러나 제주의 〈산천초목〉과 사당패소리 〈산천초목〉이 어떤 관계였는지는 확신할 수 없다. 사당패소리 〈산천초목〉이 사라진 지금으로서는 그 음악의 실체를 유추하거나 사당패 관련 기록[139]에서 곡명과 사설만을 확인할 수 있기에 육지에 남아 있는 선소리패 곡들과 마찬가지로 상관관계를 명확하게 밝히기가 어려운 상황이

---

[138] 손인애, 「제주도 민요에 수용된 사당패소리의 특징과 그 의미: 성읍마을 소리를 중심으로」, 『제주도연구』 제47집, 제주학회, 2017, 236쪽.

[139] 신재효 지음, 김창진 옮김, 『변강쇠가』, 지식을만드는지식, 2009, 155쪽; 신재효 지음, 김창진 옮김, 『박타령』, 지식을만드는지식, 2012, 139쪽.

다.[140] 그런데 북한에서 1956년에 발행된 『조선민요곡집8』에서 '서
도가요'로 표시된 〈산천초목〉의 목록을 찾을 수 있다.[141] 같은 창자
로부터 〈놀량〉, 〈앞산타령(—打令)〉, 〈뒤산타령(—打令)〉, 〈경발림
(景—)〉과 함께 수집된 이 노래는 악보가 남아 있는 것으로 보이고,
이는 서도 사당패의 곡목으로 알려진 것과 일치하므로[142] 추후 제
주민요 〈산천초목〉과의 비교연구가 필요하다.

한편, 제주의 〈산천초목〉은 현재 성읍지역과 제주시지역에서 두
종류로 이어지고 있는데,[143] 전자는 후렴이 없고, 후자는 후렴이 있
는 형태[144]이다. 그리고 성읍지역의 과거 음원[145]에서 지금과는 다
른 선율이 나타나고, 〈산천초목〉의 첫 소절과 유사한 사설이 다른

---

140 현행 선소리산타령의 음악적 유래가 사당패 소리에 있다는 주장은 상당히 과
장되어 있다.(국립문화재연구소, 『선소리산타령: 중요무형문화재 제19호』, 민속원,
2008, 51쪽.)

141 .,「북한 향토민요 자료의 이해」,『북녘 땅 우리소리: 악보자료집』, 민속원,
2007, 85쪽.

142 박은용,「사당패들의 활동 정형」,『고고민속』제4호, 사회과학원출판사, 1964, 31
쪽; 손인애,『향토민요에 수용된 사당패소리』, 민속원, 2007, 19쪽에서 재인용.

143 〈산천초목〉은 후렴 '받읍네다 받읍네다'를 넣어 부르기도 하고 빼기도 한다.(韓
國精神文化硏究院 藝術硏究室,『韓國의 民俗音樂 濟州道民謠篇』, 韓國精神文化硏究院, 1984,
214쪽.) 〈산천초목〉은 후렴 없이 독창으로 부르는 경우도 있으나, 본래는 후렴
이 있는 민요이다.(조영배,『태초에 노래가 있었다』, 민속원, 2009, 140쪽.)

144 김금련, 〈산천초목3〉, 제주도 제주시 삼도동, 『한국구비문학대계』 사이트(http://
yoksa.aks.ac.kr/jsp/ur/SoundListen.jsp?ur10no=tsu_2441&ur20no=Q_2441_2_01A); 김
주산, 〈산천초목〉, 제주도 제주시 아라동,『한국구비문학대계』사이트(http://yok-
sa.aks.ac.kr/jsp/um/SoundListen2.jsp?um10no=msu_5909&um20no=0897_01_5909)

145 박앵무, 〈산천초목2〉,《제주도 민요7》, 국립문화재연구소, 2007.(녹음:1960~70
년대)

제주민요에서도 발견되기에[146] 추후 더욱 세밀한 연구가 필요할 것으로 보인다.

1) 가창방식 및 형식

국가무형문화재로 지정된 〈산천초목〉은 2018년 연행 당시 한 명의 가창자가 혼자 서서 부른다.[147] 1991년 영상[148]에서는 선소리꾼을 포함한 다수의 창자가 보조적인 장구 반주에 맞추어 제창으로 앉아서 부르고,[149] "MBC한국민요대전" 음원[150]에서는 두 명의 창자가 중창으로 부른다. 이처럼 제주민요 〈산천초목〉은 다양한 형태의 가창방식을 보여 주고 있다.

2018년에 불린 〈산천초목〉은 노래의 속도가 M.M. ♩ = 43-46으

---

146 제주도 대정읍 신평리의 〈밭매는소리〉, 구좌읍 동김녕리의 〈밭밟는소리〉, 구좌읍 월정리의 〈소모는소리〉, 〈풀베는소리〉, 남원읍 하례1리의 〈풀베는소리〉에 〈산천초목〉의 대표사설인 '산천초목 속입이 난데'가 유입되었다.(손인애, 『향토민요에 수용된 사당패소리』, 민속원, 2007, 85쪽.) 『한국구비문학대계』에서 조사된 구좌읍 행원리 〈맷돌질소리〉에서도 '산천초목 속닙만난다'의 가사가 나온다.(김영자, 〈맷돌질소리〉, 제주도 북제주군 구좌읍 행원리, 『한국구비문학대계』 사이트(http://yoksa.aks.ac.kr/jsp/um/SoundListen2.jsp?um10no=msu_5966&um-20no=0803_07_5966)).

147 "국가무형문화재 제95호 제주민요" 국립무형유산원, 2018.

148 "제주민요-국가중요무형문화재 제95호", KTV, 1991.

149 조을선은 공연을 다닐 때 〈산천초목〉을 주로 혼자 부르는 경우가 많았다고 한다.(강문희 전화대담, 2018년 9월)

150 조을선·이선옥, 〈산천초목〉, 남제주군 표선면 성읍1리, 1989, 『한국민요대관』 사이트(http://urisori.co.kr/urisori-cd/doku.php?id=jj:%EC%A0%9C%EC%A3%B-C04:%EC%A0%9C%EC%A3%BC0414).

로 나타나 1991년에 M.M. ♩ = 53 정도로 불리던 것보다 약간 느려지고, 앞꾸밈음과 잔가락이 더 많아졌으며, 흐름에 따라 적절하게 얕은 농음이 들어가면서 보다 세련된 느낌을 준다.

국가무형문화재로 지정된 〈산천초목〉은 특정한 후렴이 나타나지는 않지만, 대략 4~6박으로 불리는 네 장단의 선율을 하나의 단락으로 구분할 수 있고, 한 단락이 총 5번에 걸쳐 어느 정도 반복하는 구조를 가진다. 따라서 변형된 유절형식으로 볼 수 있다. 그러나 마지막 5단락은 사설이 늘어나면서 선율이 6 또는 7장단으로 나타나 4장단으로 이루어진 이전 단락들과는 차이를 보인다.

2) 음조직 및 표현방식

〈산천초목〉의 음계는 '솔-라-도′-레′-미′′'이다. 종지음은 '도′'이고, '솔-라-도′′'로 상행하는 종지형을 가진 변격 '도' 선법이다. '솔′'과 '라′'를 길게 뻗는 음으로 사용하고, 주요 음역은 '도′′'부터 '라′′'까지로 비교적 평이하며, 낮은 '솔'과 '라'음의 비중은 크지 않다.

[악보 9] 〈산천초목〉의 음조직

☐ : 종지음

각 단락별 장단의 선율구조를 살펴보면, 1~4단락의 선율은 e+b+c+d/a+b+c+d/a+b+c+d/a′+b+c+d로 나눌 수 있다. 마지막 5단락은 a+f+g+g′+g″+c′+d의 7장단으로 구분될 수 있는데, f선율은 경과구처럼 2박으로 짧게 붙기에 앞의 a선율에 덧붙여진 형태로 본다면 a″+g+g′+g″+c′+d의 총 6장단으로 볼 수 있다. 이는 1~4단락의 b부분이 g, g′, g″로 늘어난 형태이다. 정리하면, 〈산천초목〉은 단순한 반복을 피하면서 분위기를 전환하는 방법으로 첫째, 환두형식처럼 각 단락의 첫 장단 선율이 변형되고, 둘째, 단락의 사설이 늘어날 때는 b부분의 선율이 변형·확장되는 것을 알 수 있다.

[악보 10] 〈산천초목〉 선율구조

선율은 네우마틱(neumatic)과 멜리스마틱(melismatic)한 특징을
보이는데, 특히 단락을 시작하는 첫 장단 e선율과 a선율, 세 번째
장단 c선율에서 멜리스마틱한 특징이 두드러지고, 5단락의 경우
는 a선율과 c′선율에서 이러한 특징을 찾을 수 있다. 각 선율을 이
루는 골격선율을 살펴보면, e선율은 '라′-솔′-라′-솔″'이고, a와 a′
는 '솔′-미′-솔″', b선율은 '라′-미′-도′-레′-도″', c선율은 '라′-미′
-라′-미′-도″', c′는 '미′-솔′-라′-미′-도″', d선율은 '미′-레′-도′
-레′-도″'이다. 5단락에서 나오는 f선율은 '솔-솔″', g선율은 '도′-
미′-레′-도″', g′와 g″는 '미′-레′-도″'이다. c선율은 b선율의 앞부

분 2박을 토대로 변형된 모습이고, c′는 c의 앞부분이 변형되었다. g계열 선율은 d선율의 2박까지의 선율이 앞의 3박에서 변형·확장되고, 뒤에 3박은 b선율의 3~5박을 반복하고 있다. g계열 선율끼리도 마찬가지로 앞부분에서 차이를 보인다.

[악보 11] 〈산천초목〉b, d선율과 g계열 선율의 비교

〈산천초목〉의 선율은 1991년과 크게 달라진 것이 없다. 다만, 4단락의 첫 번째 장단에서 2소박으로 잠깐 변화하는 부분이 과거에 비해 더욱 또렷하게 드러나면서 6박으로 바뀌고, 5단락의 f 선율 부분이 과거에는 '미′-솔′미′-솔′-솔′′'로 비교적 평이하게

불렀는데, 현재는 '솔-솔-솔'-솔''의 옥타브 진행으로 바뀌어 낮은음부터 큰 폭으로 상행하는 차이를 보인다.[151]

[악보 12] 1991년과 2018년 〈산천초목〉의 선율 변화

연도	4단락 1장단 a′선율	5단락 f선율
1991	날 오 라 하 네	반 둘 저 엄
2018	날 오 라 하 네	반 둘 저 럼

3) 장단 및 박자구조와 가사붙임새

〈산천초목〉은 규칙적인 박에 불규칙한 박자를 갖는다. 특정한 장단을 치지 않고 부르는데, 한 장단이 보통 3소박을 기준으로 4~6박으로 불린다. 4단락의 첫 장단인 '날 오라' 부분에서는 2소박 구조로 잠깐 바뀌는 모습을 보이기도 한다. 1~4단락까지는 한 단락을 이루는 네 개의 장단이 '6박-5박-6박-5박'과 '4박-5박-6박-5박' 구조로 이루어져 있고, 마지막 5단락은 '4+2박-6박-6박-6박-6박-5박'으로 구성된다. 즉, 불규칙한 박자의 형태가 한 단락을 기

---

151 『한국민요대관』에서 채집된 조을선과 이선옥이 부른 〈산천초목〉 중 '솔-솔'-미-솔'-솔''의 옥타브 선율이 나타나기도 한다.(이선옥 외, 〈산천초목〉, 제주도 남제주군 표선면 성읍리, 1996, 『한국민요대관』 사이트(http://yoksa.aks.ac.kr/jsp/um/List.jsp?um10no=msu_5949&um20no=0785_08_5949).)

준으로 어느 정도 일정한 규칙성을 가지고 반복되는 것을 알 수 있다.

한편, 1991년 영상에서는 장구를 치면서 노래하지만, 일련의 장단을 연주하지는 않고 3소박을 '덩-따-따' 또는 '덩-따-쿵'으로 연주하며 전반적인 속도를 조절한다. 선율이 길게 뻗는 부분에서는 장구연주를 잠깐 멈추었다가 다음 마디에서 다시 일정한 3소박을 연주하는데, 이때는 제창으로 불렀기 때문에 이런 식으로라도 장구의 역할이 필요했을 것으로 생각된다. 아울러 1960~1970년대에 기록된《제주도 민요》음반의〈산천초목1〉,〈산천초목2〉음원[152]에서는 창자가 독창으로 부르면서도 3소박 계통의 장단을 치면서 노래를 부르는 모습이 확인된다. 이런 상황을 유추하자면,〈산천초목〉은 제주에서 3소박의 타악기 반주에 맞춰 여러 명이 부르다가 점차 현대에 이르러 독창으로 부르는 경우가 많아지면서 타악기 반주가 없어진 것으로 추측할 수 있다.

산천초목의 각 장단별 노랫말 수는 4~9개로 나타난다. 1~3단락까지는 장단별로 4-5-5-6의 패턴이 반복되고, 4단락은 5-5-5-8로 나타난다. 마지막 5단락의 글자 수는 4+4-9-9-8-7-8로 이전 단락들에 비해 두 배 가까이 많아진 것이 특징적이고, 단락 안에서의 노랫말 수는 어느 정도 비슷하게 통일성을 갖는 모습이다.

---

152 〈산천초목1〉,《제주도 민요7》, 국립문화재연구소, 2007; 박앵무,〈산천초목2〉, 《제주도 민요7》, 국립문화재연구소, 2007.

[표 2] 〈산천초목〉 1~4단락의 노랫말과 글자 수

구분	1단락	2단락	3단락	4단락	글자수
1장단 (4~6박)	산천초목	꽃은 꺼꺼	산에 올라	날오라하네	4~5
2장단 (5박)	속닙이난디	머리에 꽂고	들구경가니	날오라하네	5
3장단 (6박)	구경가기가	입은 톤아서	천하일색은	산골 처녀가	5
4장단 (5박)	얼화반갑도다	얼화입에물어	얼화내로구나	얼화날오라호는다	6~8

[표 3] 〈산천초목〉 5단락의 노랫말과 글자 수

구분	5단락	글자수
1장단(4+2박)	돋아오는 반돌처럼	4+4
2장단(6박)	도리주머닐 주워놓고	9
3장단(6박)	만수무강 글자를 사겨	9
4장단(6박)	수명당사 끈을 돌아	8
5장단(6박)	정든님 오시거든	7
6장단(5박)	얼화채와나놉시다	8

　가사붙임새를 살펴보면, 먼저 1~4단락의 2·3·4장단은 각각 비슷한 붙임새를 보이고, 1장단은 2단락과 3단락에서 4음절 가사가 3음절 가사에 당겨 붙는 붙임새를 보인다. 1단락의 1장단은 4음절 노랫말이 3박의 3소박으로 당겨 붙는데, 1991년 자료에서는 이 부분이 4박의 1소박에 붙기도 한다.

　2장단은 1~4단락이 모두 2박의 가사가 1박의 3소박에 당겨 붙는 모습을 보이고, 3장단은 2박의 가사가 1박으로 당겨 붙고, 5박의 가사는 4박의 3소박으로 일정하게 당겨 붙는 모습을 보인다. 단, 4단락의 3장단 두 번째 가사 '골'은 3박에 붙는데, 이는 4단락 1장단의

1~2박이 2소박으로 불린 것의 영향으로 본래의 3소박을 강조하기 위해 붙임새가 변화된 것으로 보인다. 마지막 6박 가사는 모두 1소박이 아닌 3소박으로 밀려 붙는다. 4장단의 가사는 마지막 박을 제외하고 모두 각 박의 첫 소박에 가사가 붙는다.

[악보 13] 〈산천초목〉1~4단락의 장단별 가사붙임새

장단	단락	1박			2박			3박			4박			5박			6박		
1	1(e)	산			천			초	목										△
	2(a)	꼿	은		꺼꺼										△				
	3(a)	산	에		올라										△				
	4(a')	날		오		라		하	네										△
2	1(b)	속			닙			이	난		디				△				
	2(b)	머			리			에	꼿		고				△				
	3(b)	들			구			경	가		니				△				
	4(b)	날			오			라	하		네				△				
3	1(c)	구	경									가	기						가
	2(c)	입	은								△	톤	아						서
	3(c)	천	하								△	일	색						은
	4(c)	산							골		△	처	녀						가
4	1(d)	얼			화	반		갑	도		다				△				
	2(d)	얼			화	입		에	물		어				△				
	3(d)	얼			화	내		로	구		나				△				
	4(d)	얼			화	날	오	라	하는		다				△				

마지막 5단락의 경우는 1장단 4박까지는 같은 a선율인 2·3단락의 1장단과 동일하게 4음절 가사가 3음절 가사에 당겨 붙고, 덧붙여진 5·6박은 각 박의 첫 소박에 가사가 붙는 붙임새를 보인다. 2장단과 3장단은 짧은 시가의 차이는 있지만 4음절과 9음절의 가사가 앞의 음절에 당겨 붙는 동일한 모습을 보이고, 4장단은 3박의 가사가 1소박이 아닌 3소박으로 밀려 붙고, 8음절 가사는 앞 음절에 당

겨 붙는 모습이다. 5장단은 c선율과 유사하게 3음절 가사가 앞으로 당겨 붙고, 6박의 가사가 3소박으로 밀려 붙는데, 글자 수가 늘어나면서 c선율처럼 5박의 당겨 붙는 붙임새는 나타나지 않는다. 마지막으로 6장단은 다른 단락과 마찬가지로 마지막 박을 제외한 각 박의 첫 소박에 가사가 붙는다.

[악보 14] 〈산천초목〉 5단락의 장단별 가사붙임새

장단	1박			2박			3박			4박			5박			6박		
1(a+f)	돈	아		오는								△	반		돌	처		럼
2(g)	도		리	주머					닐	주		워	놓	고				△
3(g′)	만		수	무	강					글	자	를	사겨					
4(g″)	수명			당					사	끈		을	돈아					
5(c′)	정든	님								오	시	거						든
6(d)	얼		화	채	와	나	봅	시		다					△			

지금까지 살펴본 산천초목의 가사붙임새를 정리하면, 대체로 뒷박의 노랫말이 앞 박의 노랫말에 당겨 붙거나 앞 박의 3소박으로 당겨 붙는 모습이 많이 나타나고, 박의 1소박이 아닌 3소박으로 밀려 붙는 모습도 나타난다.

3. 〈봉지가〉

〈봉지가〉는 밝고 아기자기하면서도 흥겨운 분위기를 내는 노래이다. 특히 후렴을 부르는 창법이 독특하고 매력적이다. 〈봉지가〉 역시 사설에서 사당패와 관련된 내용이 나오고, 제주 내에서 사당패소리로 추정되는 소리들과 함께 한정된 지역에서 불리기에 사당패소리에 기원을 둔 것으로 보는 견해가 많다.

1) 가창방식 및 형식

2018년 연행 당시에 〈봉지가〉는 여러 명의 창자가 서서 처음부터 끝까지 제창으로 불렀다. 이는 1991년 영상에서도 동일하게 나타난다. 제주에서 불리는 민요 중 제창의 가창방식은 〈동풍가〉, 〈봉지가〉, 〈산천초목〉 등의 가창유희요에서만 보인다.[153] 한편, 『한국

---

[153] 양영자, 『제주민요의 배경론적 연구』, 민속원, 2007, 153쪽.

민요대관』에서 비교적 최근에 수집된 1990년경 제주시 이호동[154]
과 건입동[155], 북제주군 조천읍 함덕리의 〈봉지가〉 음원[156]에서는
선소리를 독창, 후렴구를 제창으로 부르는 메기고 받는 형식의 모
습이 나타나기도 한다.[157]

봉지가는 후렴과 절의 구분이 있는 유절형식이다. 절을 이루는
선소리와 홋소리는 각각 4장단씩 비슷한 길이로 구성되며, 총 4절
까지 불린다.

2) 음조직 및 표현방식

봉지가의 음계는 '솔-라-도′-레′-미′′'이고, '솔'로 종지하는 정

---

154 고성옥 외, 〈봉지가〉, 제주도 제주시 이호동, 『한국구비문학대계』 사이트(http://
yoksa.aks.ac.kr/jsp/um/SoundListen2.jsp?um10no=msu_6018&um20no=0904_01_6018);
이정자, 〈봉지가〉, 제주도 제주시 이호동, 『한국구비문학대계』 사이트(http://yok-
sa.aks.ac.kr/jsp/um/SoundListen2.jsp?um10no=msu_6018&um20no=0904_02_6018).

155 문부향 외, 〈봉지가〉, 제주도 제주시 건입동, 1999, 『한국구비문학대계』 사
이트(http://yoksa.aks.ac.kr/jsp/um/SoundListen2.jsp?um10no=msu_5910&um-
20no=0887_18_5910); 문부향 외, 〈봉지가〉, 제주도 제주시 건입동, 1999, 『한
국구비문학대계』 사이트(http://yoksa.aks.ac.kr/jsp/um/SoundListen2.jsp?um-
10no=msu_5910&um20no=0887_15_5910).

156 김주산 외, 〈봉지가〉, 제주도 북제주군 조천읍 함덕리, 1989, 『한국구비문
학대계』 사이트(http://yoksa.aks.ac.kr/jsp/um/SoundListen2.jsp?um10no=m-
su_5898&um20no=0845_03_5898).

157 조을선과 이선옥이 부른 MBC 데이터 자료를 토대로 하면 제주도 소리(봉지
가)는 사당패의 대표 창인 선후창으로 부른다.(손인애, 「제주도 민요에 수용된 사
당패소리의 특징과 그 의미:성읍마을 소리를 중심으로」, 『제주도연구』제47집, 제주학
회, 2017, 252쪽.) 실제로 많은 사람이 부르는 〈봉지가〉를 채집한 경우가 없기 때
문에 이 민요의 가창방식을 정확히 알 수는 없다. 그러나 악곡의 정황으로 보
아 선소리와 홋소리가 서로 메기고 받는 형식으로 가창되는 민요라고 할 수 있
다.(趙泳培, 『濟州道 民俗音樂: 通俗民謠硏究篇』, 신아문화사, 1991, 131쪽.)

격 솔 선법으로 이루어진 전형적인 진경토리 곡이다. 농음은 특별
히 두드러지지 않고, 선율은 전반적으로 평이하게 순차진행하는 모
습을 보인다.

[악보 15] 〈봉지가〉의 음조직

□ : 종지음

선율을 살펴보면, 선소리는 3장단을 제외한 나머지 1·2·4장단이
모두 동일한 선율로 불린다. 훗소리는 가성창법이 사용되는 첫 번
째 선율이 두 번째 장단에서 반복되고, 세 번째 장단은 선소리의 세
번째 장단이 변형된 형태이다. 마지막 네 번째 장단은 선소리에서
반복되던 주제선율이 다시 한 번 되풀이된다. 이를 기호로 시각화
하면 {선소리(a+a+b+a)+훗소리(c+c+b′+a)}×4로 나타낼 수 있다.

각 선율의 골격선율을 살펴보면, a는 '레′-도′-솔', b는 '레′-미′-
레′-도′′, c는 '도′-미′-솔′-도′′, b′는 '도′-미′-레′-도′′로 볼 수 있
다. b′선율은 b의 변형으로 볼 수 있는데, 총 5박 중 앞의 3박은 c선
율의 앞부분을 변형한 형태이고, 뒤의 2박은 b선율 뒷부분과 동일
한 모습이다.

[악보 16] 〈봉지가〉 구성 선율

　〈봉지가〉는 후렴구에서 '솔′'과 '미′'를 가성으로 빠르게 오가
며 부르는데, 이러한 기교를 표현하기에 까다로운 면이 있어 누구
나 쉽게 습득할 수 있는 곡은 아니었던 것으로 여겨진다.[158] 한편,
1960~70년대 노래를 담은《제주도 민요》음반[159]에서는 〈봉지가
1〉[160]과 〈봉지가2〉[161]를 확인할 수 있는데, 두 곡은 현재 불리는 것

---

158 제주시 삼도동 명창으로 알려진 김금련에 대한 기록 중 자신에게 노래를 가르
　 쳐준 행수기생이 부른 '봉지가'를 듣기는 들었는데, 가락을 올리고 내리는 게
　 어려워 못한다고 한 내용이 있다.(玄容駿·金榮敦,『韓國口碑文學大系 9-2: 濟州道 濟
　 州市篇』, 韓國精神文化研究院, 1981, 565~566쪽.)

159《제주도 민요7》, 국립문화재연구소, 2007.

160《제주도 민요7》음반에서 〈봉지가1〉의 창자는 '표선읍 성읍리 김창언(남, 64세)'
　 으로 되어 있고, 해설서에도 사설 채록문 외에 녹음된 음원에 대한 언급이 되어
　 있지 않다. 그러나 노래를 시작하기 전에 창자를 소개하는 조사자가 "표선면 성
　 읍리 김창언씨, 남자 64세"로 설명하고 있고, 실제 들리는 목소리도 남성으로
　 여겨진다. 더욱이 사설의 내용 및 인적사항이 김영돈이『제주민요의 이해』에서
　 1963년 12월 24일 표선면 성읍리에서 채록한 것으로 밝힌 김창언(남, 64세)과
　 일치하여 이 음반에 수록된 음원이 김영돈에 의해 채록된 것이거나 다른 조사
　 자가 김창언이 부른 노래를 녹음한 것으로 생각된다.(김창언, 〈봉지가1〉,《제주도
　 민요7》, 국립문화재연구소, 2007(녹음:1960~70년대); 국립문화재연구소,『제주도 민
　 요 음반 해설집』, 2007; 제주도 편,『제주민요의 이해』, 2000, 184쪽.)

161 박앵무, 〈봉지가2〉,《제주도 민요7》, 국립문화재연구소, 2007.(녹음:1960~70년대)

과 선율이 매우 유사하지만 각 절의 선소리 세 번째 마디에서 현재의 4박과 달리 '솔′-라′'를 가성으로 부르는 1박의 선율이 더해져 일정하게 5박으로 부르는 차이를 보인다. 이들 노래 역시 성읍리에서 채록되었고, 시기적으로 조을선보다 15년 이상 고령의 가창자들인 것으로 보아 선소리에도 일부 존재했던 짧은 가성선율이 이후에 탈락하여 전승되었을 가능성이 있다.

3) 장단 및 박자구조와 가사붙임새

〈봉지가〉는 규칙박에 불규칙 박자를 가진다. 3소박을 기준으로 선소리에 해당하는 네 마디는 6박-6박-4박-6박, 훗소리 네 마디는 6박-6박-5박-6박으로 구성된다. 특정한 장단을 치거나 반주악기를 사용하지는 않는 모습이지만, 기타 채집 음원에서는 단순한 3소박 장단을 치면서 노래하기도 한다.[162]

가사붙임새를 살펴보면, 선소리에서는 동일한 선율인 1·2·4장

---

162 박앵무, 〈봉지가2〉, 《제주도 민요7》, 국립문화재연구소, 2007; 조을선, 〈봉지가〉, 제주도 남제주군 표선면 성읍2리, 1990, 『한국구비문학대계』 사이트(http://yoksa.aks.ac.kr/jsp/um/SoundListen2.jsp?um10no=msu_5957&um-20no=0780_01_5957); 조을선, 〈봉지가〉, 제주도 남제주군 표선면 표선리, 『한국구비문학대계』 사이트(http://yoksa.aks.ac.kr/jsp/um/SoundListen2.jsp?um-10no=msu_5958&um20no=0791_01_5958); 김주산 외, 〈봉지가〉, 제주도 북제주군 조천읍 함덕리, 1989, 『한국구비문학대계』 사이트(http://yoksa.aks.ac.kr/jsp/um/SoundListen2.jsp?um10no=msu_5898&um20no=0845_03_5898); 문부향 외, 〈봉지가〉, 제주도 제주시 건입동, 1999, 『한국구비문학대계』 사이트(http://yoksa.aks.ac.kr/jsp/um/SoundListen2.jsp?um10no=msu_5910&um-20no=0887_18_5910).

단의 3박 가사가 4절을 제외하고 모두 일정하게 3소박으로 밀려 붙는 모양새를 보이고, 3장단은 마찬가지로 4절을 제외한 3절까지는 4음절(또는 5음절) 가사가 4박의 정박이 아닌 3박의 3소박으로 당겨 붙는다. 4절의 경우는 1장단과 3장단에서 다른 절보다 글자 수가 줄어들어 차이를 보이게 되는데, 이를 통해 1장단과 3장단의 뼈대가 되는 가사붙임새를 알 수 있다. 정리하면, 〈봉지가〉 선소리의 가사붙임새는 노랫말이 박의 첫 소박에 정확하게 붙는 것과 3소박으로 뒤로 밀어붙이는 붙임새가 중심이 되는데, 3장단 b선율에서만 4절을 제외하고 4박에 들어갈 4음절(또는 5음절) 가사가 3박의 3소박으로 당겨 붙는 모양이다.

[악보 17] 〈봉지가〉 선소리의 장단별 가사붙임새

장단	절	1박			2박			3박			4박			5박			6박		
1(a)	1	봉			지					가	진			다					△
	2	잉			어					가	논			다					△
	3	앞			집					이	사		당	은					△
	4	좀			진						삼			은					△
2(a)	1	봉			지					가	진			다					△
	2	잉			어					가	논			다					△
	3	인			물					이	절			색					△
	4	밀			려					나	놓			고					△
3(b)	1	봄			철			낭		에		서							
	2	청			포		장	속		에		서							
	3	뒷			집		이	사		당		은							
	4	훌			근			삼					은						
4(a)	1	봉			지					가	진			다					△
	2	잉			어					가	논			다					△
	3	과			부					가	명			창					△
	4	댕			겨					나	놓			아					△

훗소리에서도 각 박의 첫 소박에 가사가 붙는 붙임새와 3소박으로 밀어붙이는 붙임새가 나타나는데, 3장단의 3박 가사가 3소박으로 밀려 붙는 것 외에는 모두 각 박의 첫 소박에 불린다. 3장단에서만 가사붙임새에 변화를 준다는 것이 선소리와 훗소리의 공통점이자〈봉지가〉가사붙임새의 특징이다.

[악보 18]〈봉지가〉훗소리의 장단별 가사붙임새

장단	1박			2박			3박			4박			5박			6박		
1(c)	에		헤	리	-이	리	리	-이	리	리		리	야		아	야		△
2(c)	에		헤	리	-이	리	리	-이	리	리		리	야		아	야		△
3(b′)	야		아	헤					헹	에		헤	에		가			
4(a)	얼			씨						구			나					△

4. 〈오돌또기〉

〈오돌또기〉는 제주의 유명한 가창유희요이다. 육지에서도 비슷한 제목과 유사한 가사 및 선율을 가진 노래들이 발견되는데, 전문 소리꾼이 부른 경기민요 〈오돌독〉, 강원도에서 확인되는 향토민요 〈오독떼기〉, 조선족이 남긴 민요 〈오돌또기〉, 수영야류와 봉산탈춤 등의 삽입가요로 발견되는 〈오돌또기타령〉 등 전국적으로 찾을 수 있어 그 영향력의 크기를 알 수 있다. 그중 대중들에게 가장 잘 알려진 노래가 바로 제주의 〈오돌또기〉이다.

오돌또기와 관련된 내용은 조선 후기 문헌에도 등장하는데, 19세기의 양금보인 『아양금보(峨洋琴譜)』[163]와 신재효의 판소리사

---

[163] 『아양금보』는 작자미상의 유일본 악보인데 만들어진 시기에 대해 『한국민족문화대백과사전』에는 1940년경에 필사된 것으로 추정하고 있고, 이보형·장휘주·손인애·권오경·임혜정 등의 학자는 1880년경이라 밝히고 있다. 여러 가지 정황상 1880년 악보로 보는 것에 무게가 실린다.(張輝珠, 「사당패소리 갈까보다 연구」, 『韓國音樂硏究』제27집, 韓國國樂學會, 1999, 111~128쪽; 손인애, 「〈오독도기〉 계통 소리 연구」, 『韓國民謠學』제19집, 韓國民謠學會, 2006, 206~246쪽; 李輔亨, 「오독도기소리 연구」, 『韓國民謠學』제3집, 韓國民謠學會, 1995, 119~187쪽; 권오경, 「19세기 고악보 소재 민요 연구」, 『韓國詩歌硏究』제12집, 韓國詩歌學會, 2002, 309~330쪽; 임혜정, 「백구타령과 가사 백구사」, 『韓國音樂硏究』제34집, 韓國國樂學會, 2003, 183~207쪽.)

설[164]이 대표적이다. 특히 신재효의 판소리 사설에 의해 〈오돌또기〉를 사당패소리로 인식해 왔는데, 최근 안대회의 연구에서 1793년에 제주 출신 사대부의 이야기를 토대로 기록된 「김복수전」에 오돌또기로 추정되는 노래가 언급된 것을 밝혔다. 이는 앞의 두 문헌보다 이른 시기이자 제주에서 전해지는 〈오돌또기〉 구전설화와도 일맥상통한 것이어서 〈오돌또기〉 연구의 새로운 국면을 열어 주었다.[165]

1) 가창방식 및 형식

2018년의 〈오돌또기〉는 창자들이 앉아서 장단을 연주하며 제창으로 부른다. 시작에 앞서 한 장단을 내어 노래의 속도를 결정하고, 선소리꾼이 노래의 첫 4마디에 해당하는 선소리를 독창으로 부르며 청(key)을 결정한다. 그 뒤로는 나머지 창자들과 함께 끝까지 제창하는 식이다.

---

164 신재효 지음, 김창진 옮김, 『변강쇠가』, 지식을만드는지식, 2009, 157쪽; 신재효 지음, 김창진 옮김, 『박타령』, 지식을만드는지식, 2012, 140쪽.

165 전통적으로 정악을 중심으로 연주법과 노랫말을 기록한 고악보에 잡가, 민요와 같은 속악이 수록된 것은 19세기에 새로이 등장한 다양한 음악을 반영하고, 음악 소비층의 욕구를 충족시키기 위한 음악담당층의 뜻이 반영된 결과이다. 또한 고악보 편찬자는 잡가와 통속민요의 일부를 가곡이나 가사, 시조 등에서 파생된 것으로 인식하고 이들을 굳이 정악, 민속악으로 구분하여 인식하지 않았기 때문이다. 〈오독기〉는 19세기 후반 시정 풍류방의 노래로 불린 것이며 『아양금보』 소재 민요 중에서 〈방아타령〉, 〈오독기〉도 토속민요가 사당패와 같은 예인 집단, 그리고 다시 기녀나 고급예인들에 의하여 공연가창물로 거듭 변화해 간 것들이다.(권오경, 「19세기 고악보 소재 민요 연구」, 『韓國詩歌研究』제12집, 韓國詩歌學會, 2002, 313~319쪽) 「김복수전」에 기록된 제주의 노래를 토속민요 〈오돌또기〉로 본다면, 이러한 권오경의 해석에 근거를 보탤 수 있으리라 생각된다.

1991년 조을선과 다른 창자들이 부른 〈오돌또기〉는 선소리와 훗소리를 구분하여 각각 독창과 제창의 메기고 받는 형식으로 부른다. 다만, 독창자는 훗소리와 다음 절의 선소리가 교차하는 부분에서 훗소리의 노래가 끝나기 전에 마지막 박을 물고 선소리 가사를 노래하는 교창의 모습을 보이는데, 이는 노래가 끝나지 않고 계속 이어지는 느낌을 강조하면서도 한편으로는 마지막 후렴의 종지감을 살려 주는 역할을 하게 된다.

과거와 비교하면, 오늘날의 가창방식은 개인보다 가창집단의 영향력을 드러내는 방법으로 볼 수 있는데, 이는 개인 전승에서 단체 전승으로 전승 방식이 변화한 것과 관련이 있어 보이고, 이와 더불어 〈오돌또기〉 가창방식의 가변성을 보여 주고 있다.

〈오돌또기〉의 음악형식은 절에 따라 동일한 선율이 반복되는 유절형식이다. 하나의 절은 선소리와 훗소리로 구분되는데 각각 4장단씩 총 8장단으로 구성되어 5절까지 불리며, 상황에 따라 부르는 절의 수는 늘어나거나 줄어들 수 있다. 마칠 때는 마지막 장단부터 서서히 빠르기가 느려지며 끝나는 느낌을 준다.

2) 음조직 및 표현방식

2018년 기록화 당시 연행된 제주민요 〈오돌또기〉의 구성음[166]은

---

[166] 〈오돌또기〉는 음계가 아닌 구성음을 표시하였다. 그 이유는 제주민요 〈오돌또기〉와 다른 지역에서 발견되는 〈오돌또기〉 관련 곡들의 큰 차이점이 '시'의 출현 유무로 보이는데, 낮은 음역에서는 '시'가 나오는 경우가 없고, 출현빈도가 높지 않기에 이를 구별하고자 하였다. 조영배 역시 〈오돌또기〉를 '레 선법'이라 하면서 '시'를 포함하여 설명한다.(조영배, 『태초에 노래가 있었다』, 민속원, 2009, 88쪽 참조.)

'라-도′-레′-미′-솔′-라′-시′-도″'이고, 종지음은 '레'이다. 구성
음에 일반적인 민요 음계에서 벗어난 '시′'음이 등장하는 것이 특징
적이고, 시′음이 도″로 바뀌어 불리기도 한다. 그러나 두 음 모두 다
른 음보다 비중이 크지 않다. 선율은 '라'부터 '도″'까지 한 옥타브
이상의 넓은 음역을 비교적 골고루 넘나드는데, 노래를 마칠 때는
'라-레′'로 완전4도 상행한다.

[악보19] 〈오돌또기〉의 구성음

☐ : 종지음

2018년 노래에서 '시'는 선소리의 두 번째 장단 선율이 첫 박인
'미'부터 상행으로 도약 진행할 때 나오는데, 총 5절까지 반복되는
선율 안에서 2절까지만 출현하고 나머지 3절은 반음 올라간 '도'로
불린다. 조금 더 정확하게 말하자면, 선소리꾼이 독창으로 선소리
를 부를 때는 '시'음이 나오고, 이어지는 제창에서는 다른 창자들
에 의해 '시'로 불리던 음이 점차 '도'로 반음 올라간다. 이와 달리,
1991년에 조을선이 선소리를 부른 〈오돌또기〉에서는 모든 절에서
'시'음이 정확히 나온다.

[악보 20] 1절 선소리의 '시'음 출현

저 기 춘 양 나 온 다

한편, 1960~70년대의 음원을 담은 《제주도 민요》음반에서는 [악보21]에서처럼 이 부분의 선율이 '미´-라´-솔´-시´´' 또는 '미´-라´-시´´' 등으로 나타나거나 현재 모습과 동일하게 '시'음이 등장하기도 한다.[167] 또한 1960년대의 우리나라 음원을 담은 《존레비 컬렉션》의 〈오돌또기〉에서도 '시'와 '도'가 혼용되어 사용되는 모습을 보이고,[168] 북한에서 출판된 『조선민요1000곡집』수록 제주도 〈오돌또기〉에서도 '시'가 등장한다.[169] 석주명(石宙明, 1908~1950)이 1968년에 채보한 〈오돌또기〉 악보에서도 역시 '시'음이 등장하고,[170] 『한국구비문학대계』와 『한국민요대관』의 제주민요 〈오돌또기〉 음원에서도 상당수가 '시'를 구성음에 포함하고 있기에 이는 제주민요 〈오돌또기〉의 특징으로 볼 수 있다. 김정희는 제주민요 〈오돌또기〉를 음역이 아래로 '라'까지 확장된 '레 선법'으로 보고 '오돌또기조'라 명명하여 평안도지역 〈호미소리〉 등과의 관련성을

---

167 이경일, 〈오돌또기1〉, 《제주도 민요7》, 국립문화재연구소, 2007; 박앵무, 〈오돌또기3〉, 《제주도 민요7》, 국립문화재연구소, 2007; 신정아, 〈오돌또기5〉, 《제주도 민요7》, 국립문화재연구소, 2007.

168 《존레비 컬렉션 Vol.6. 제주민요》 중 제주민요 음반의 〈오돌또기〉는 후렴부분에서 '시'가 등장한다.(부영민, 〈오돌또기〉, 《존레비 콜렉션 한국음악선집 Vol.6. 제주민요》, UNIVERSAL, 2010.(녹음:1964년))

169 로익화·황룡욱·손창준·조대우, 『조선민요1000곡집』, 328쪽.(손인애, 「〈오독도기〉 계통 소리 연구」, 『韓國民謠學』제19집, 韓國民謠學會, 2006, 223쪽에서 재인용.)

170 석주명의 악보는 조표 없이 첫 음을 '솔'로 채보하였는데, B♭의 조표를 붙여주면 첫 음이 '라'가 되어 오늘날의 이동도법 계명과 일치하게 된다.(석주명, 『제주도수필』, 보진재, 1968, 3쪽.)

언급하였고,[171] 이후 제주의 토속민요 〈홍애기〉와 〈진사데〉 등을 '오돌또기토리'로 된 곡이라 하였다.[172] 김정희는 〈오돌또기〉의 음계에 이보형·김영운·백대웅 등의 학자와 마찬가지로 '시'를 포함하지는 않았지만 '오돌또기토리'를 제주 고유의 것으로 보고 있다.

[악보 21] 《제주도 민요7》 음반 중 〈오돌또기1〉의 '시' 출현 부분

노래 이경일 (여, 당시 69세)
채보 황나영

다음은 2018년 제주 〈오돌또기〉의 농음에 대해 살펴보겠다. 농음은 훗소리의 마지막 장단 선율인 '내가 머리로 갈거나' 부분의 첫 번째 음 '레'에서 반복적으로 얕게 나타난다.

간혹 선소리의 '레'에서 농음이 나타나기도 하는데, 훗소리와 같이 처음부터 음을 떨기보다는 '레'음을 뻗으면서 자연스럽게 농음하는 형태이다. 제주의 민속음악에서 농음이 두드러지게 나타나는 경우는 잘 찾아보기 어렵고, 가창자에게 확인한 결과 의도적으로 '레'에서 농음을 하지는 않은 것으로 보이기에 이러한 현상은 전승

---

171 김정희는 평안도민요 중 평북 철산군 수부리의 〈논매는소리-호미소리(잦은소리)〉와 남포시 강서구역 수산리의 〈노젓는소리〉를 〈오돌또기〉와 같은 음조직으로 이루어진 것으로 보고 '오돌또기조'라는 용어를 사용하여 해석하였다.(김정희, 「평안도민요의 음조직 연구」, 한국예술종합학교 석사학위논문, 2007, 110쪽.)

172 김정희, 「토속민요 음조직의 변이 양상」, 서울대학교 박사학위논문, 2016, 49쪽.

과정에서 생긴 변화로 생각된다.[173]

[악보 22] 〈오돌또기〉 농음 부분

다음으로 선율구조를 살펴보겠다. 〈오돌또기〉의 선소리와 홋소
리는 첫 장단의 선율이 다를 뿐이고, 뒤에 이어지는 선율들은 거의
동일하게 나타나기에 '선소리(a+b+c+d)+홋소리(e+b′+c+d)'의 구조
로 정리할 수 있고, 이는 2~4절까지 반복된다.

[악보 23] 〈오돌또기〉 1절 선율구조

---

173 '내가 머리로' 부분이 목을 눌러서 부르기 때문에 그런 현상이 나타나는 것 같
다고 하였다.(강문희 전화대담, 2018년 11월)

그 외 나타나는 선율적인 특징은 선소리의 마지막 두 장단과 홋소리의 마지막 두 장단이 같거나 가사에 따라 약간 변형되는 모습을 보이는 것인데, 선소리의 마지막 부분은 뒤에 홋소리 선율과 이어지는 느낌을 주기 위해 마지막 음인 '레'' 뒤에 '미'-레'-도''의 경과음을 붙여 홋소리와 차이를 둔다.

[악보 24] 선소리와 홋소리의 마지막 장단 선율

1991년 자료와의 선율적인 차이를 훗소리를 통해 대조하자면, 현재는 과거보다 노래를 느리게 부르는데 비해 부점(附點)과 셋잇단음표 등으로 리듬감을 살리고 있다. 특히 앞꾸밈음이 많아진 것을 확인할 수 있는데, 가창자들의 기량이 높아진 것과 더불어 세련미가 더해진 것으로 볼 수 있다. 선율진행에서도 차이가 나타나는데, '둥그대' 부분이 '도′-도′-라'에서 '라-도′-라'로, '버리고' 부분이 '미′-레′-미′솔′′'에서 '미′레′-솔′-미′레′′'로, '밝고' 부분이 '라′-솔′-라′솔′-미′-레′-미′솔′′'에서 '라―라′솔′-미′레′-솔′-미′레′′'로, '내가' 부분이 '레′-미′레′′'에서 '레′-레′미′′'로 바뀌었다. 대체로 과거에는 '레′-미′솔′′'로 상행하던 부분이 현재는 '솔′-미′레′′'의 하행으로 바뀐 모습이다.

[악보 25] 시대에 따른 〈오돌또기〉 후렴 변화

3) 장단 및 박자구조와 가사붙임새

〈오돌또기〉는 규칙박에 규칙적인 박자를 가진 3소박 4박의 구조로 일정하게 물허벅장단을 치면서 부른다. 장단의 빠르기는 M.M. ♪=48 정도이고, 한 장단이 '덩 덕/쿵덕쿵'의 3소박 2박을 두 번 반복하는 단순한 모습이다. 창자들은 오른손에 콕박을 들어 허벅의 오른쪽 윗부분을 두드리고, 왼손은 손바닥으로 허벅의 주둥이 입구를 막으며 좌우로 왔다 갔다 하거나 위에서 살짝 누르면서 장단을 연주한다.

[악보 26] 〈오돌또기〉 장단

다음으로 가사붙임새에서 나타나는 특징을 살펴보겠다. 〈오돌또기〉의 가사를 절에 따라 선소리와 훗소리로 구분하여 정리하면 다음과 같다.

[표 4] 〈오돌또기〉 1~5절의 장단별 노랫말

구분	1장단	2장단	3장단	4장단
1절	오돌또기	저기 춘양 나온다	달도 밝고	내가 머리로 갈꺼나
2절	한라산 중허리에	시르미 든숭 만숭	서귀포 해녀가	바당에 든숭 만숭
3절	청사 초롱에	불 밝혀 놓고	춘양이 방으로	밤소일 간다
4절	남대전 허리에	가부다님 치고	새벽달 찬바람에	도망난길 간다
5절	말을 타고서	꼿밧데드니	발작마다	상내가 난다

| 훗소리 | 둥그대당실
둥그대당실 | 여도당실
연자 버리고 | 달도 밝고 | 내가 머리로 갈꺼나 |

2018년 기록화 당시 불린 〈오돌또기〉의 2~5절 선소리 가사만 두고 보면 어느 정도 규칙성을 찾을 수 있는데, 3장단을 제외한 1·2·4장단의 노랫말 개수가 같게 나타난다. 1절과 훗소리를 제외하면 각절의 노랫말 음절수를 장단별로 대략 비슷하게 맞추어 부르는 것으로 보인다.

[표5] 〈오돌또기〉 1~5절 장단별 노랫말 개수

구분	1장단	2장단	3장단	4장단
1절	4	7	4	8
2절	7	7	6	7
3절	5	5	6	5
4절	6	6	7	6
5절	5	5	4	5
훗소리	10	9	4	8

가사붙임새를 살펴보면, 마찬가지로 선소리에서 1절을 제외한 2~5절의 가사붙임새가 장단별로 비슷한 특징을 가진다. 우선 선소리 1장단은 1절을 제외하고 모두 2박이 앞으로 당겨 붙고, 2장단 역시 1절을 제외하면 모두 4박이 3소박으로 뒤로 밀려 붙는다. 3장단은 1장단과 마찬가지로 1절을 제외하고 모두 2박이 앞으로 당겨 붙는데, 5절의 경우는 4박의 가사도 3소박으로 밀려 붙는다. 마지막으로 4장단은 모두 각 박의 첫 소박에 노랫말이 붙는다. 반면, 1절 선소리와 후렴의 가사붙임새는 2·4장단은 각 박의 첫 소박에 노랫

말이 붙고, 1·3장단에서는 각각 4박과 2·4박에서 3소박으로 밀어 붙이는 붙임새를 보인다.

[악보 27] 〈오돌또기〉 선소리 장단별 가사붙임새

장단	절	1박		2박		3박		4박	
1	1	오		돌		또			기
	2	한라	산			중	허	리	에
	3	청	사			초		롱	에
	4	남대	전			허		리	에
	5	말	을			타		고	서
2	1	저		기	춘	양	나		온	다
	2	시	르	미	든	숭	만			숭
	3	불			밝	혀	놓			고
	4	가		부	다	님	치			고
	5	꼿			밧	데	드			니
3	1	달			도	밝				고
	2	서	귀			포	해		녀	가
	3	춘	양			이	방		으	로
	4	새	벽			달	찬	바	람	에
	5	발	작			마				다
4	1	내		가	머	리	로	갈	꺼	나
	2	바	당	에	든	숭	만		숭
	3	밤			소	일	간		다
	4	도	망		난	길	간		다
	5	상			내	가	난		다

[악보 28] 오돌또기 후렴의 장단별 가사붙임새

구분	장단	1박		2박		3박		4박	
후렴	1	둥	그대	당	실	둥	그대	당	실
	2	여		도	당	실	연	자	버	리	고
	3	달			도	밝				고
	4	내		가	머	리	로	갈	꺼	나	△

정리하면, 〈오돌또기〉의 가사붙임새는 각 박의 첫 소박에 노랫말

이 붙는 붙임새 외에 1절과 후렴에서는 2·4박의 뒤로 밀어붙이는 가사붙임새가 나타나고, 2~5절 선소리에서는 2박의 가사를 앞으로 당겨 붙이는 붙임새와 4박의 가사를 뒤로 밀어붙이는 붙임새가 나타난다.

V

제주민요의
의미와 가치

1. 문화적 의미와 가치

제주민요는 오랫동안 제주사회의 담론을 형성하고 기록하는 구실을 해 온 '구술의 역사', '말로 쓴 문화사'라 할 수 있다. 오랜 세월 동안 구전에 의존한 자연전승의 전통 속에서 살아왔기 때문에 제주문화와 유산을 문자로 기록한 예를 거의 찾아보기 어렵다. 하지만 문자가 아닌 구술에 의존한 전승이 오히려 더욱 강한 전승력을 낳기도 하였다.

제주민요에는 공동체문화와 삶의 방식, 세시풍속, 의례, 사회조직, 의식구조와 가치관 등 제주사회를 조망할 수 있는 민속문화가 총망라되어 있어 제주사회와 문화, 제주사람들의 생활규범을 이해하는 바탕이 되고 있다. 민요사설을 통해 면면히 전승되는 사상과 정서는 제주사람들의 정신을 구성하면서 제주사회의 질서를 유지하고 사회를 지탱하는 구실을 해왔다. 제주사람들 특유의 삶의 모습과 사고를 적절히 반영해 온 제주민요야말로 제주문화의 원천이자 동력이다.

성읍마을에는 마을사람들의 삶에 기반을 두고 형성된 노동요와 의식요가 다양하고 풍부하게 전승되고 있다. 밭농사일과 관련된 노래, 마소의 사육·부림과 관련된 노래, 작물이나 도구의 운반과 관련된 노래, 초집 건축과 관련된 노래, 곡식의 장만·제분과 관련된 노래 등 기능에 따라 수많은 노동요가 전승된다. 국가무형문화재 제95호 '제주민요'에 포함된 〈ᄀ레ᄀ는소리〉의 사설은 운율로 듣는 '노래시' 또는 말로 전승되는 '구비시'라고 해도 손색이 없을 정도로 시적 묘미와 빼어난 문학성을 지니고 있다.

　제주에서는 노동요와 의식요가 전도적으로 활발히 전승된 것에 비해 유희요의 전승은 덜한 편이고 특히, 가창유희요의 전승은 매우 소극적이다. 하지만 성읍마을 만큼은 가창유희요의 전승이 유독 활발하게 이루어졌다는 점이 독특하다. 옛 관청이 있었던 제주목, 정의현, 대정현 중에서도 유독 정의현의 소재지였던 성읍에서 가창유희요의 전승이 활발한데다, 제주의 다른 지역에서 이미 자취를 감춘 가창유희요들이 오늘날까지 고스란히 전승되고 있어 성읍마을은 제주 가창유희요의 보고라 할 만하다. 이 중에서 〈오돌또기〉, 〈산천초목〉, 〈봉지가〉가 국가무형문화재 제95호 '제주민요'에 포함되었다. 성읍마을 가창유희요는 노동요의 전승이 활발했던 제주의 문화풍토에서 상대적으로 주목받지 못했던 유희요에 가치와 의미를 부여하고 제주민요의 다양성과 영역을 확장하는데 기여하였다. 또한, 마을공동체 집단의 끊임없는 교호작용 속에서 지속적으로 전승의 맥을 이어왔다는 점에서 가치가 있다하겠다.

　다른 지역에 비해 성읍마을에서 민요가 활발하게 전승되고 오래 보존될 수 있었던 것은 자연지리적 입지가 한몫했을 것으로 짐작된다. 해안마을에서 8km 떨어진 산골마을이라는 점과 수많은 오름들

무형문화재 지정 현황

연번	분류	지정 번호	종목(세부 지정 곡명)	지정 년도
1	국가무형 문화재	제95호	**제주민요** (〈오돌또기〉, 〈봉지가〉, 〈산천초목〉, 〈맷돌노래〉 등)	1989
2	제주특별 자치도 무형문화재	제1호	**해녀노래**	1971
3		제9호	**방앗돌굴리는 노래**	1986
4		제10호	**멸치후리는 노래**	1986
5		제16호	**제주농요** (〈밭볼리는 소리〉, 〈자진사대소리〉, 〈마당질소리〉)	2002
6		제17호	**진사대소리**	2005
7		제18호	**귀리겉보리농사일소리** (〈마소모는소리〉, 〈돗거름밟는소리〉, 〈마소짐싣고가는 소리〉, 〈밭가는소리〉)	2007
8		제20호	**제주시 창민요**	2009
9		제21호	**삼달리 어업요** (〈터위네젓는소리〉, 〈갈치나끄는소리〉)	2013
10		제22호	**제주도 영장소리** **(제22-1호 행상소리** 〈영귀소리〉, 〈꽃염불소리〉, 〈상여소리〉, 〈진토굿파는소리〉, 〈멀구소리〉) **제주도 영장소리** 제22-2호 진토굿파는 소리	2017

로 둘러싸인 환경은 다른 마을과 교역이나 교류가 쉽지 않게 하여 민요의 저장고 구실을 하였고, 신문물이나 가요의 유입이 촉진되는 현상도 다소 더뎠던 것으로 보인다. 마을공동체가 오래 유지됨에 따라 마을구성원간의 소속감이 증대되고 전승력이 강하게 유지되었다. 또한, 성읍마을은 관청 소재지로서 행정, 문화 중심지이기도 했다. 인구의 유입이 많았던 까닭에 다양한 생업이 형성되었고, 공동으로 생업을 지속하고 사회질서를 유지하는 가운데 민요의 생산과 전승도 활발했다. 근대화시기에 접어들어 전통문화의 보존과 전승의 맥을 잇는 대표적인 마을로 조명되었다.

성읍마을이 지닌 사회문화적 요인은 성읍마을 사람들의 문화풍토의 조성과 향유의식에 영향을 주어 예로부터 활발한 노래판을 형성하고 유지해 왔다. '장고접'이 있을 정도로 동네마다 벌어졌던 노래판과 삼삼오오 모여서 늘상 노래판을 벌이던 어른들 덕분에 아이들은 자연스럽게 전통의 소리를 학습하고 배울 수 있었다. 다양한 생업과 노래집단의 활성화 등에 따라 누구나 노래의 생산자이자 향유자가 될 수 있는 문화적 풍토가 마련되었으므로 소리 잘하기로 알려진 빼어난 소리꾼들이 많았다. 그 덕분에 전승이 이루어질 수 있었다. 제주민요보존회도 이러한 전통을 계승한 것으로 볼 수 있다.

민요는 공동체의 역할과 가치가 중시되었던 전통사회에서 서로 결속하고 단합함으로써 생활을 지속하게 했던 생활기제의 구실을 충실히 담당했다. 노동요 〈ᄀ레ᄀ는소리〉와 가창유희요 〈산천초목〉, 〈봉지가〉, 〈오돌또기〉 등 제주민요 사설 곳곳에는 제주사람들의 삶의 향기가 스며 있다. 개인정서의 표출뿐만 아니라 생활 곳곳

조을선, 이선옥을 비롯한 성읍마을 소리꾼들

의 복잡한 문제를 제시하고 해결하는가 하면, 자연과 삶 속에서 조화를 이루도록 안내하고 조율하는 기능을 하여 왔다. 집단의 심성과 의식과 생활상이 오롯이 반영된 민요야말로 노래의 생산자이자 전승자인 제주사람들 공동의 정신유산이자 민속문화로서 소중한 가치를 지닌다.

　제주민요는 제주사람들의 생활과 사고를 가장 진솔하게 표현하고 드러내 온 문학이자 구술문화로서 그 사설이 제주방언으로 불린다는 점에서 역사적 가치를 지닌다. 제주방언은 중세국어의 형태뿐만 아니라 옛말이 잘 보존되고 있어 한국의 고어를 재구할 수 있는 소중한 자산이다. 제주민요를 다른 지역 사투리로 부른다거나 표준어로 바꾸어 불렀을 때 의미가 제대로 전달되지 않는 것은 제주방언의 음운, 어휘, 어법 등이 내포하고 있는 독특한 운용 이치 때문이다. 제주민요의 사설로 쓰인 방언들은 사전에 실린 정지된 상태의 어휘가 아니라 일상에서 활용되는 살아 숨 쉬는 언어의 발현이기에 더욱 값지다. 하지만 성읍마을의 민요사설을 살펴보는 과정에서 현대사회로 올수록 노랫말의 어휘가 표준어화하여 변천하는 모습을 살펴볼 수 있었다. 앞으로 이러한 현상은 더욱 가속화 될 것이다. 민요사설에 쓰인 제주어 하나하나가 지닌 진면목과 값어치가 소중한 만큼 문화유산의 총체이면서 제주어의 보고, 살아있는 문학인 동시에 보편적인 공동체 정신유산으로서 제주민요 가치와 의의를 살려야 한다. 이를 위해 구술현장을 유지하고 나아가 활성화시키려는 노력이 과제로 남겨져 있다.

2. 음악적 의미와 가치

    제주민요는 음악적으로 다양한 유형을 가진다. 이는 제주민요가 기층민들의 고유노래와 함께 여러 음악적 정체성을 가진 사람들과의 교류를 통한 새로운 노래의 향유를 내재하고 있다고 여겨지고, 제주민요의 오랜 역사성을 보여주는 것으로 생각된다. 따라서 제주민요를 제대로 알기 위해서는 먼저 제주의 역사를 이해하는 것이 선행될 필요가 있다고 본다.

    제주민요는 수많은 노동요가 대변하는 것처럼 제주 사람들의 삶과 밀접하게 관련되어 있다. 제주의 서민들은 천혜의 자연경관 이면에 있는 척박한 땅과 부족한 물 때문에 고단한 생활을 이어가거나 바다채집의 위험을 감수해 왔고, 섬 내외 권력자들의 숱한 착취와 감시 속에서도 마땅히 달아날 곳이 없었다. 한편으로는 해상무역과 예기치 못한 표류 등으로 타국인을 자주 접하기도 하고, 때마다 육지에서 들어오는 관료들을 가까이에서 지켜보기도 하였다. 이러한 바탕 위에서 제주사람들은 공동체를 이루어 생활하며 입에서 입으로 전해지는 노래를 통해 지친 마음을 달래고, 억울함을 승화시키고, 삶의 의지를 다지며 어려움에 저항하고 또 수용하였다. 따라서 이런 모습들을 반영하고 있는 제주민요 특히 노동요는 그 어느 것보다 귀하고 포괄적인 가치를 지닌 것으로 보인다.

반면, 제주민요에서 유희요가 차지하는 비중은 그리 크지 않다. 몇몇 곡들은 유희요의 쓰임이 활발했던 지역에서만 한정적으로 발견되거나 제주도 내에서의 공감대가 적은 경우도 보인다. 그러나 〈산천초목〉처럼 육지에서는 사라져버린 노래가 남아 있기도 하고, 〈오돌또기〉처럼 전국에 걸친 영향력을 보여주는 노래도 존재한다. 이는 비록 적은 수의 유희요지만 제주지역뿐만 아니라 본토의 민요에 얽혀 있는 수수께끼를 푸는 단초가 될 수 있다는 점에서 그 가치와 의미가 매우 높다고 하겠다.

한편, 제주민요에서 다양한 음조직이 발견되는 것은 김영운이 방언권을 바탕으로 가능성을 제시한 역사적으로 수도권에 해당한 지역토리의 영향으로 해석될 수도 있다.[174] 김영운은 '수심가토리는 고구려, 반경토리는 고려, 진경토리는 조선, 육자배기토리는 마한 및 백제, 메나리토리는 신라'의 수도권 선법과 관련이 있을 것으로 추정하면서 제주의 노래가 도 선법·레 선법·솔 선법·라 선법이 모두 존재하고 대부분 5음이 순차진행되는 것을 두고 "지역적인 고립에 의하여 옛 음악을 많이 간직한 결과일 수도 있으나, 고려·조선시대 중앙정부가 있던 경기지방의 음악적인 영향을 강하게 받았기

---

174 김영운, 「韓國 民謠 旋法의 特徵-旣存 硏究 成果의 再解析을 中心으로」, 『한국음악연구』제28집, 한국국악학회, 2000, 15~45쪽.

때문"으로 보았다.[175] 이를 토대로 제주민요 중에서 수적으로 절대 우위에 있지는 않지만 〈ᄀᆞ레ᄀᆞ는소리〉를 포함한 많은 향토민요에 나타나는 '도 선법'을 탐라시대부터 이어진 제주의 토속적인 선법일 가능성에 대해 조심스럽게 추측해볼 수 있다. 이는 육지 민요에서는 사용되지 않는 '도,레,미,솔,라'의 음조직이 사용되는 것을 제주민요의 주요한 특징으로 보는 견해[176]와 더불어 제주도 굿에서도 다양한 음조직 형태 가운데 '도 선법'으로 볼 수 있는 형태가 음영조, 음영형가창조, 가창조 무가 전반에 걸쳐 나타나기에[177] 의미가 있어 보인다.

제주는 역사적으로나 지리적으로 특수한 상황에 놓인 경우가 많았고, 방언에도 본토에서는 사라진 단어나 모음이 현존한다. 그뿐 아니라 임진왜란 때 일본으로 끌려간 도공들이 제사를 지낸 옥산신사(玉山神社)에서 부른 노래 가사인 '오놀이 오놀이라'와 1610년 (광해군 2) 『양금신보(梁琴新譜)』에 기록된 〈중대엽(심방곡)〉의 가사 '오ᄂᆞ리 오ᄂᆞ리쇼셔'와 같은 노랫말이 제주의 무속음악에서 발견되는 것에서도 제주 민속음악에 담긴 보존성과 역사성을 충분히 가늠해볼 수 있다. 따라서 제주민요 연구에 있어서도 시대와 지역을

---

175 김영운, 「韓國 民謠 旋法의 特徵-旣存 硏究 成果의 再解析을 中心으로」, 『한국음악연구』제28집, 한국국악학회, 2000, 39쪽.

176 신은주, 「제주 민요 음조직에 대한 연구 검토 및 제언」, 『한국음악사학보』제62집, 한국음악사학회, 2019, 201쪽.

177 황나영, 「제주칠머리당 영등굿의 음악적 구성과 특징」, 한양대학교 석사학위논문, 2011 참조.

아·우르는 종적·횡적 접근이 더욱 필요할 것으로 보이며, 그를 위한 제주민요의 폭넓은 보존과 전승이 이루어져야 할 것이다.

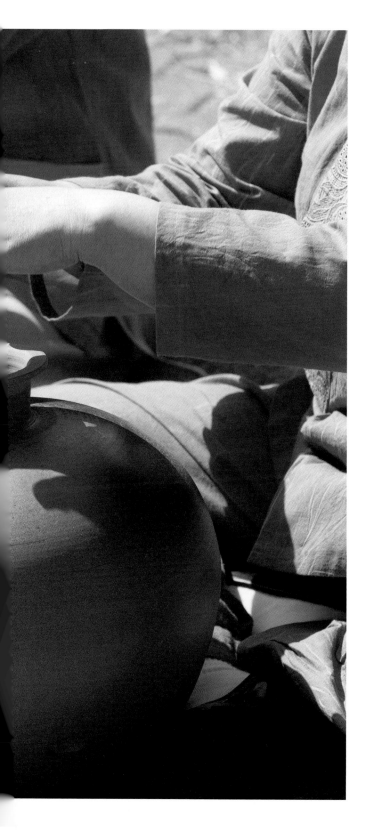

VI

전승현황

1. 지정경위

제주도에서는 1971년 8월 26일자로 〈오돌또기〉, 〈산천초목〉, 〈봉지가〉, 〈해녀노래〉, 〈ᄀᆞ레ᄀᆞ는소리〉 등을 제주특별자치도무형 문화재 제1호로 지정하였다. 〈오돌또기〉는 제주도의 대표적인 가 창유희요로 선율이 빼어나고 제주도에서뿐 아니라 전국에 알려진 민요라는 점, 〈산천초목〉과 〈봉지가〉는 육지의 민요들과 음악적 관 계, 비교연구의 가치 등이 주목받았다. 〈해녀노래〉는 세계의 어떤 나라에도 없는 노래로 오로지 제주해녀에 의해서만 불린다는 점, 〈ᄀᆞ레ᄀᆞ는소리〉는 제주도의 대표적 민요로서 양과 질이 출중하고 제주사람들의 생활관과 실정을 분석할 수 있는 내용을 담고 있다는 점이 주목받았다.

그 후 제주민요가 지리적, 역사적, 사회적 고유성이 빼어나고 가 락과 사설이 독특하여 민요의 보고임에도 불구하고 급속하게 사라 져가고 있는 현실에 주목하게 되었다.

제주민요 일부를 국가무형문화재로 지정할 필요성을 인지하고 문화재청은 1982년과 1984년 지정대상을 집중적으로 조사하게 되 었다. 여기에는 민요연구가인 임동권, 김영돈, 이소라가 참여하였다. 조사 결과 성읍민요는 농촌에서 불리는 노동요와 더불어 현청소재지 특유의 가창유희요가 폭넓게 전해진다는 점과 이를 바탕으로 제주민요 전반을 포괄적으로 조감할 수 있다는 점이 문화재로 지정할 만하다고 하였다.[178]

제주특별자치도 무형문화재 제1호로 지정되었던 노래 중에서 〈해녀노래〉를 제외한 〈그레그는소리〉, 〈산천초목〉, 〈봉지가〉, 〈오돌또기〉 등을 1989년 국가무형문화재 제95호 '제주민요'로 지정하게 되었고 보유자로 조을선, 전수교육조교로 이선옥이 인정되었다. 조을선은 1915년생으로 20대에 도일하여 8년 동안 타국에서 생활하다가 귀국한 이후 줄곧 성읍에서 농업으로 생계를 유지했는데 노동요뿐만 아니라 의식요, 가창유희요에 이르기까지 소리의 기량이 빼어나고 다수의 노래를 두루 보유하고 있던 소리꾼이었다. 노동요 〈홍애기소리〉, 〈밧볼리는소리〉, 〈그레그는소리〉, 〈방에짛는소리〉, 〈물방엣돌소리〉, 〈마당질소리〉 등과 집터를 다지면서 부른 〈달구소리〉에 뛰어났고, 가창유희요 〈질군악〉, 〈중타령〉, 〈봉지가〉, 〈오강산타령〉, 〈계화타령〉, 〈동풍가〉, 〈관덕정앞〉, 〈산천초목〉, 〈오돌또기〉 등을 고루 보유하고 있었다. 또한 전국 규모와 도 단위 민속행사에 출연하여 입상한 경력을 지니고 있었다.

이선옥은 1914년생으로 평생 성읍에서 농사를 지으며 살았는데 20대에 몇 년간 도일한 경험이 있었다. 노동요 〈그레그는소리〉, 〈방

---

178 임동권·김영돈·이소라, 「민요」, 『중요무형문화재 조사보고서』제166호, 1989, 636쪽.(『무형문화재조사보고서』제18집, 문화재관리국, 1998. 수록)

조을선(좌)과 이선옥(우)

에짓는소리〉, 〈아웨기〉, 〈홍애기〉, 〈마당질소리〉 등과 가창유희요 〈중타령〉, 〈동풍가〉, 〈봉지가〉, 〈오돌또기〉, 〈산천초목〉 등을 고루 보유하고 있었고 조을선과 함께 각종 대회에 참여하여 이름을 알렸다.

조을선·이선옥 또래의 사람들은 제주에서 전통민요의 현장이 사라져 가는 막바지에 제주민요를 기억 속에 간직하고 되살려 낸 사람들이다. 조을선은 국가무형문화재 제주민요 보유자로 인정된 이후 다음과 같이 회고한 바 있다.

> "'노래를 꼭 불러야지' 하고 생각해 본 적은 없었다. 하나씩 둘씩 귀넘어 배워서 부르다 보니 잊지 말고 알아 두어야겠다는 노래가 생겨났다. 〈산천초목〉, 〈봉지가〉 이런 노래는 동네 성님들한테서 배운 노래주. 노래

를 배우는데 다들 1절이나 2절까지만 알고 그 다음은 모르겠다고만 해서

누가 아는가 수소문해 보니 일본에 가 버렸어. 그래서 고향에 다니러 오면

찾아가서 '삼춘님 알고 있는 노래나 배워주고 갑서.'해서 배웠지."

- 〈월간제주인〉 2월호, 1990. 2. 1, 139~145쪽.

　　조을선의 인터뷰는 노래유산이 어느 개인의 소유물이 아닌 마을 공동의 노래유산이자 문화자산임을 말해 준다. 성읍마을에는 조을선, 이선옥 외에도 소리 잘하기로 알려진 빼어난 소리꾼들이 많았다. 조선 오백여 년 동안 관청 소재지로서의 입지와 산간마을이라는 자연적 조건, 그에 따른 다양한 생업과 노래집단의 활성화 등에 따라 그만큼 유명한 소리꾼도 많았다. 성읍민요는 소리의 종류가 다양하고 뛰어난 소리꾼이 많기로 유명하여 전국적으로 널리 알려져 왔다. 더욱이 전통문화에 대한 자긍심과 애착이 유달라서 해마다 '정의골축제'를 개최하여 반별로 돌아가면서 민속경연을 해오면서 민속마을로서의 위상을 다지고 있다. 마을공동체가 전국민속경연대회를 비롯하여 각종 대회에 적극적으로 참여하다 보니 마을 사람들은 너나 할 것 없이 소리 한 가닥쯤은 능히 흥얼거릴 정도의 능력을 갖고 있다.

　　성읍마을의 소리꾼들은 마을공동체와 함께 하면서 노래를 전승해 왔으며 늘 마을공동체 구성원으로 각종 대회와 경연에 공동 출연하여 전승현장에 함께 있었다. 제주민요가 바탕으로 전승되어 온 덕분에 조을선·이선옥 등이 각종 대회와 경연에 출연하여 성읍민요를 널리 알리고 전승의 맥을 잇는 중추적인 역할을 할 수 있었다.

성읍마을 소리꾼들

　국가무형문화재 지정 이후 '제주민요'는 보유자에서 전수자로 이어지는 전승체계에 따라 전수교육이 이루어지게 되었다. 조을선의 외손녀인 강문희는 1996년에 전수교육조교가 되었다. 하지만 조을선이 타계한 이후 무형문화재 전승의 목적과 취지를 살려 전승 활성화를 꾀해야 한다는 사회적 요구가 생겨났고, 전승기반이라든지 현재 전승시스템 등을 고려하여 개인종목보다는 단체종목으로 지정하는 것이 바람직하다는 의견이 대두되었다. 이에 따라 2017년 4월 3일 국가무형문화재 제95호 '제주민요'는 보유자 없는 보유단체로 전환되어, 강문희를 중심으로 한 '제주민요보존회'가 보유단체로 인정받아 성읍민요의 맥을 이어가고 있다.

제주민요보존회원들

국가무형문화재 보유단체 인정서

제678호

명　칭 : 사단법인 국가무형문화재 제주민요보존회

소 재 지 : 제주특별자치도 서귀포시 표선면 성읍정의현로 19

위 단체를 국가무형문화재 제95호

제주민요의 보유단체로 인정합니다

2017년 4월 3일

문 화 재 청

국가무형문화재 보유단체 인정서

2. 보존회 및 전승활동

　성읍민요는 독특한 역사문화적 배경과 자연지리적 조건을 바탕으로 형성되어 제주민요의 보고로 알려지면서 세간의 주목을 받아 국가무형문화재 제95호 제주민요로 지정되었다.

　성읍민요가 오랜 전통을 유지하게 된 것은 과거에서 현재까지 줄기차게 이어져 오고 있는 활발한 노래공동체와 넓은 민요향유층의 분포 덕분이다. 성읍민요는 평범한 마을사람들로 구성된 노래공동체를 통해 마을 공동의 노래유산으로 민요를 지켜 왔다. 탐라문화제, 한국민속예술축제 등에 참가하여 수상하면서 성읍민요가 여러 차례 전국에 소개되기도 했다. 초대 보유자인 조을선이 타계하고 2000년 9월1일 제주문화예술회관에서 당시 전수교육조교 이선옥을 비롯하여 함께 활동했던 이미생, 송인선, 홍복순, 조일수, 강문희 등의 전승자들이 '제주민요'라는 제목으로 추모공연 및 제주민요 발표회를 열었다. 이를 시작으로 제주민요보존회가 만들어졌다. 이외에도 성읍사람들은 '정의골 소리패'를 창단하여 전통의 맥을 잇고자 하였다.

　제주민요 전승의 중추적인 역할을 맡고 있는 제주민요보존회원들은 노동요 〈아웨기〉, 〈홍애기소리〉, 〈상사소리〉, 〈ᄀ레ᄀ는소리〉, 〈방에짛는소리〉, 〈마당질소리〉와 가창유희요 〈산천초목〉, 〈봉지가〉, 〈신목사타령〉, 〈동풍가〉, 〈봉지가〉, 〈용천검〉, 〈계화타령〉, 〈질군악〉, 〈중타령〉, 〈영변가〉, 〈사랑가〉 등 성읍마을에서 전승되고 있는 다수의 민요를 익혔는데 사설은 조을선과 이선옥의 사설을 그대로 이어받고 있다.

전수교육은 성읍 무형문화재전수관에서 보존회장인 강문희가 보존회원과 전수교육생을 대상으로 일주일에 한 차례 실시하고 있다. 노래 종목에 따라 가락, 창법, 장단 등에 대한 개별지도와 전체 지도를 교차적으로 진행하면서 이론과 실기교육을 겸하고 있다.

이 외에도 일반인을 대상으로 하는 민요배움터, 초등학생을 대상으로 하는 무형문화재 징검다리교실 등을 통해 전수교육을 진행하고 있다. 전승활동으로는 매년 국가무형문화재 공개행사와 기획공연, 찾아가는 무형문화재 등을 실시하고 있으며, 다양한 국내외 행사나 축제에서 공개시연과 공연을 통해 제주민요를 알리는 일을 하고 있다.

민요는 사람들이 노래로써 집단의 사유를 고양하고 화합하며 사회를 유지시키는 담론을 형성하는 역할을 해온 구술매체이다. 공동체와 운명을 같이해 온 민요사설들은 제주문화사의 소중한 정신유산으로 평가받기에 모자람이 없다. 마을공동체 구성원이라면 누구나 삼삼오오 모여 앉아 '제주민요'를 주고받을 수 있는 노래공동체로 거듭나길 기대해 본다.

전수교육 모습

찾아가는 무형문화재 공연

VII

악보

ㄱ레ㄱ는소리

채보 황나영

실음은 단2도 높았다가 점차 장2도로 높아짐
박자표와 마디선을 표시하는 게 적절하지 않은 노래이지만 연구의 편의를 위해 기입함

2

4

6

8

10

여   이 여   어 어   언

어   언

여   이 여   어 어   언

이 여   동 호 라   고 랑 좁 쓸

이 여   동 호 라

이 여   동 호 라

어   어   어

12

13

272 제주민요

14

18

산천초목

노래 강문희
채보 황나영

산 에 올 라
들 구 경 가 니
천 하 일 색 (액) 은
얼 화 내 로 구 나
날 오 라 하 네
날 오 라 하 네
산 골 처 녀 (어) 가
얼 화 날 오 라 호 는 다
돈 아 오 는 반 돌 처 럼

봉지가

채보 황나영

봉 지 가 진 다

봉 지 가 진 다

봄 철 낭 에 서

봉 지 가 진 다

에 헤 리 이 리 리 이 리 리 리 야 아 야

에 헤 리 이 리 리 이 리 리 리 야 아 야

야 아 헤 헹 에 헤 에 가

얼 씨 구 나

2

3

4

오 돌 또 기

채보 황나영

음고는 실음보다 단2도 위로 부르다가 점차 실음으로 떨어짐

오 돌 또 기

저 기 춘 양 나 온 다 달 도 밝 고

내 가 머 리 로 갈 꺼 나 둥 그 대 당 실 둥 그 대 당 실

여 도 당 실 연 자 버 리 고 달 도 밝 고

2

내 가 머 리 로 갈 꺼 나 말 을 타 고 서

꼿 밧 데 드 니 발 작 마 다

상 내 가 난 다 둥 그 대 당 실 둥 그 대 당 실

여 도 당 실 연 자 버 리 고 달 도 밝 고

6

내　　가　머　리　로　갈　　꺼　나

홍애기소리

채보 황나영

♩.= 50-56   실음은 단 2도 아래
박자표와 마디선을 표시하는 게 적절하지 않은 노래이지만 연구의 편의를 위해 기입함

선소리

어야   디야   홍   허으어   으어   어

홋소리

어으어 허   으어

산 이 로 구 나

음

야 아 허   어   기 야 홍

2

4

6

8

밀 출 동 경 달 솟 아 온 다

음

야 아 허　　　어　　기 야 홍

참고문헌

〈고서〉

『同治十二年地方地圖』「全羅道」‘濟州三邑全圖’

『生活狀態調査 其二 濟州道』

『世宗實錄』券第十八 世宗四年

『新增東國輿地勝覽』

『梁琴新譜』

『濟州三邑都總地圖』

『濟州三邑全圖』

『濟州邑誌』

『耽羅圖』

『耽羅地圖地圖竝序』

『耽羅志』

『耽羅巡歷圖』

『太宗實錄』券第三十一 太宗十六年

『海東地圖』「濟州三縣圖」

〈단행본〉

강등학, 『한국구비문학의 이해』, 월인, 2000.

국립국악원, 『韓國音樂學資料叢書十六: 寓意山水·峨洋琴譜·七絃琴譜·琴譜·拙翁伽倻
　　　琴譜·新作琴譜·白雲庵琴譜·學圃琴譜』, 1984.

국립문화재연구소, 『서도소리: 중요무형문화재 제29호』, 민속원, 2009.

국립문화재연구소, 『선소리산타령: 중요무형문화재 제19호』, 민속원, 2008.

金東旭, 『韓國歌謠의 研究』, 乙酉文化社, 1961.

김봉옥, 『제주통사』, 제주발전연구원 제주학연구센터, 2013.

金榮敦, 『濟州島民謠研究 上: 資料篇』, 민속원, 2002.

金榮敦, 『濟州島民謠研究 下: 理論篇』, 민속원, 2002.

김영돈, 『제주성읍마을』, 대원사, 1989

김영운, 『국악개론』, 음악세계, 2015.

김영운·김혜정·이진원, 『북녘 땅 우리소리: 악보자료집』, 민속원, 2007.

김혜정, 『민요의 채보와 해석』, 민속원, 2013.

김혜정, 『여성민요의 음악적 존재양상과 전승원리』, 민속원, 2005.

文化公報部 文化財管理局 編, 『韓國民俗綜合調査報告書 濟州道 篇』, 文化公報部 文化
財管理局, 1974.

문화방송 라디오국 편, 『(MBC)한국 민요 대전: 제주도 민요 해설집』, 문화방송 라디
오국, 1992.

文化財管理局, 『無形文化財調査報告書 第18輯(162-167호)』, 文化部 文化財管理局,
1974.

文化財研究所 藝能民俗研究室 編, 『韓國民俗綜合調査報告書: 農樂·豊漁祭·民謠篇』,
文化公報部 文化財管理局, 1982.

문화재연구회, 『중요무형문화재 1』, 대원사, 1999.

박용후, 『제주방언연구』, 동원사, 1960.

석주명, 『제주도수필』, 보진재, 1968.

성경린·장사훈, 『朝鮮의 民謠』, 국제음악문화사, 1949.

성기옥, 『한국시가율격의 이론』, 새문사, 1986.

성읍마을회 편, 『성읍마을』, 2015.

신재효 지음, 김창진 옮김, 『변강쇠가』, 지식을만드는지식, 2009.

양영자, 『제주민요의 배경론적 연구』, 민속원, 2007.

양영자, 『제주학으로서 제주민요』, 민속원, 2017.

우낙기, 『濟州道: 國民觀光 1』, 韓國地理研究所刊行部, 1980.

李增 著·金益洙 譯,『南槎日錄』, 제주문화원, 2001.

李昌植,『韓國의 遊戱民謠』, 집문당, 1999.

임미선,『조선후기 공연문화와 음악』, 민속원, 2012.

장덕순·조동일·서대석·조희웅,『구비문학개설』, 일조각, 2006.

濟州道文化公報擔當官室,『濟州道誌 下』, 濟州道, 1982.

濟州道文化公報擔當官室 編,『濟州道無形文化財調査報告書』, 濟州道, 1986.

제주도,『제주도무형문화재 조사보고서』, 1986.

제주도 편,『제주도 무형문화재: 채보·채록집』, 1995.

제주도 편,『제주민요의 이해』, 제주도, 2000.

조선연구회 저, 송방송 색인, 이진원 역,『조선미인보감』, 민속원, 2007.

朝鮮總督府 編,『生活狀態調査 其2: 濟州道』, 民俗苑, 1992.

趙泳培,『濟州道 民俗音樂: 通俗民謠硏究篇』, 신아문화사, 1991.

조영배 편,『태초에 노래가 있었다! 1.제주 본도(本道) 창민요·의식요·자장가 편』, 민속원, 2009.

진성기,『南國의 民謠』, 濟州民俗硏究所, 1968.

秦聖麒,『南國의 傳說』, 一志社, 1959.

秦聖麒,『(제주도)무가본풀이사전』, 민속원, 1991.

洪貞杓,『濟州道民謠解說』, 省文社, 1963.

한국구연민요연구회,『한국구연민요: 연구편』, 집문당, 1997.

韓國精神文化硏究院 藝術硏究室 編,『韓國의 民俗音樂 : 濟州道民謠篇』, 韓國精神文化硏究院, 1984.

玄容駿·金榮敦,『韓國口碑文學大系 9-2: 濟州道 濟州市篇』, 韓國精神文化硏究院, 1981.

玄容駿·金榮敦,『韓國口碑文學大系 9-3: 濟州道 西歸浦市·南濟州郡篇』, 韓國精神文化硏究院, 1983.

〈논문 및 보고서〉

김정희, 「토속민요 음조직의 변이양상」, 서울대학교 박사학위논문, 2016.

양영자, 「제주민요의 배경론적 연구」, 제주대학교 박사학위논문, 2005.

김세중, 「洋琴 古樂譜의 다스름 研究」, 서울대학교 석사학위논문, 1998.

김정희, 「평안도민요의 음조직 연구」, 한국예술종합학교 석사학위논문, 2007.

한기홍, 「朝天 民謠의 特異性」, 제주대학교 석사학위논문, 1995.

황나영, 「제주 칠머리당 영등굿의 음악적 구성과 특징」, 한양대학교 석사학위논문, 2011.

국립문화재연구소, 「제주도 민요 음반 해설집」, 《제주도 민요》, 2007.

권오경, 「19세기 고악보 소재 민요 연구」, 『한국시가연구』제12집, 한국시가학회, 2002.

권인혁, 「19세기 전반 제주지방의 사회구조와 그 변동」, 『(李元淳敎授華甲記念)史學論叢』, 李元淳敎授華甲記念史學論叢刊行委員會, 1986.

金東栓, 「朝鮮後期 濟州島 住民의 身分構造와 그 推移」, 『國史館論叢』第65輯, 국사편찬위원회, 1995

김영돈, 「정의고을」, 『민속자료 보호구역 조사보고서』, 제55호, 1973.

김영돈, 「성읍민요의 실상」, 『제주대학교 논문집』제20집(인문편), 제주대학교, 1985.

김영운, 「韓國 民謠 旋法의 特徵-旣存 研究 成果의 再解析을 中心으로」, 『한국음악연구』제28집, 한국국악학회, 2000.

김혜정, 「민요 굿거리장단의 이해와 교육 방안」, 『한국민요학』제41집, 한국민요학회, 2014

김혜정, 「민요의 장단별 말 붙임새 유형과 교육 방안」, 『한국민요학』제37집, 한국민요학회, 2013.

김혜정, 「판소리의 사당패소리 수용 양상-홍보가의 놀보 박타령 대목을 중심으로」, 『남도민속연구』제12집, 남도민속학회, 2006.

羅運榮, 「濟州道 民謠의 作曲學的 研究(Ⅰ)-音樂構造를 中心으로」, 『연세논총』제9집, 연세대학교출판부, 1971.

반혜성, 「서울 안안팎굿 음악의 구성과 기능」, 한국학중앙연구원 박사학위논문, 2015.

손인애, 「〈오독도기〉 계통 소리 연구」, 『한국민요학』제19집, 한국민요학회, 2006.

손인애, 「제주도 민요에 수용된 사당패소리의 특징과 그 의미-성읍마을 소리를 중심으로」, 『제주도연구』제47집, 제주학회, 2017.

신은주, 「제주민요 음조직에 대한 연구검토 및 제언」, 『한국음악사학보』제62집, 한국음악사학회, 2019.

안대회, 「餘窩 睦萬中의 표류인 전기 「金福壽傳」 연구-제주 민요 〈오돌또기〉와의 관련성을 포함하여」, 『한국문화』제68집, 규장각한국학연구원, 2014.

양영자, 「제주지역 가창유희요 고찰」, 『영주어문』제12집, 영주어문학회, 2006.

양영자, 「제주민요의 문화적 소통 실태와 과제」, 『한국민요학』제31집, 한국민요학회, 2011.

이보형, 「리듬형의 구조와 그 구성에 의한 장단분류 연구: 사설의 율격이 음악의 박자와 결합되는 음악적 통사구조에 기하여」, 『한국음악연구』제23집, 한국국악학회, 1995.

이보형, 「오독도기소리 연구」, 『한국민요학』제3집, 한국민요학회, 1995.

이보형, 「장단의 여느리듬形에 나타난 韓國音樂의 拍子構造硏究: 元型態 聲樂曲을 中心으로」, 『국악원논문집』제8집, 국립국악원, 1996.

이창식, 「口碑詩歌의 口演樣相: 방아전승의 기능과 관련하여」, 『한국민요학』제6집, 한국민요학회, 1999.

張輝珠, 「사당패소리 갈까보다 연구」, 『한국음악연구』제27집, 한국국악학회, 1999.

임동권, 「민요 지정조사보고서」, 『무형문화재조사보고서』, 문화재관리국, 1982.

임혜정, 「백구타령과 가사 백구사」, 『韓國音樂硏究』제34집, 韓國國樂學會, 2003.

좌혜경, 「제주민요 歌唱者論」, 『民謠論集』제7집, 民謠學會, 2003.

좌혜경·양영자, 「표선면 성읍리 소리꾼 이력조사」, 제주도, 2007. 12.

〈음반〉

《존레비 콜렉션 한국음악선집 Vol.6. 제주민요》, UNIVERSAL, 2010.

《제주도 민요7》, 국립문화재연구소, 2007.

《한국민요대전-제주도편》, MBC, 1991.

〈잡지 및 신문〉

〈월간제주인〉 2월호, 1990.2.1.

〈사이트 및 전자자료〉

한국구비문학대계 사이트(https://gubi.aks.ac.kr/)

한국민요대관 사이트(http://www.koreanhistory.or.kr/directory.do?pageType=listRe-
 cords&khSubjectCode=KH.13.02.001)

『뿌리깊은나무 팔도소리』제3권, 뿌리깊은나무, 2013.

총괄	채수희
기획	송민선
교정	방소연, 강석훈, 황희우(이상 국립무형유산원)
글	양영자(제주대탐라문화연구원), 황나영(전 전통공연예술진흥재단 연구원)
채보	황나영(전 전통공연예술진흥재단 연구원)
사진	최호식(테트라스튜디오)

국가무형문화재 제95호

제주민요

초판 1쇄	2020년 11월 20일

기획	국립무형유산원
주소	전라북도 전주시 완산구 서학로 95
전화	063-280-1513
홈페이지	www.nihc.go.kr

출판	도서출판 역락
주소	서울시 서초구 동광로46길 6-6 문창빌딩 2층(우-06589)
전화	02-3409-2060(편집부), 2058(영업부)
팩스	02-3409-2059
이메일	youkrack@hanmail.net
홈페이지	www.youkrackbooks.com

발간등록번호 11-1550246-000086-01

ISBN 979-11-6244-620-1 93380